CUISINE
DE FAMILLE
À PETITS
PRIX

D1364735

CUISINE DE FAMILLE À PETITS PRIX

François Blais, Audrey Dufresne,
Alexandre Loiseau et Jean-François Archambault

Une initiative de **La Tablée des Chefs**

LES ÉDITIONS
LA PRESSE

Catalogage avant publication de Bibliothèque et Archives nationales du Québec
et Bibliothèque et Archives Canada

Vedette principale au titre : Cuisine de famille à petits prix
Comprend un index.
ISBN 978-2-923681-22-1
1. Cuisine économique. 2. Menus - Planification. I. Archambault, Jean-François.
TX652.C84 2010   641.5'52   C2010-940812-8

Éditrice déléguée : Sylvie Latour
Conception graphique : www.gbranding.ca
Photographies : www.maximejuneau.com
Révision : Anne L. Desjardins

L'éditeur bénéficie du soutien de la Société de développement des entreprises culturelles du Québec
(SODEC) pour son programme d'édition et pour ses activités de promotion.

L'éditeur remercie le gouvernement du Québec de l'aide financière accordée à l'édition de cet ouvrage
par l'entremise du programme de crédits d'impôt pour l'édition de livres, administré par la SODEC.

Nous reconnaissons l'aide financière du gouvernement du Canada par l'entremise du Programme
d'aide au développement de l'industrie de l'édition (PADIÉ) pour nos activités d'édition.

©Les Éditions La Presse
TOUS DROITS RÉSERVÉS

Dépôt légal – 2e trimestre 2010
ISBN 978-2-923681-22-1
Imprimé et relié au Canada

Président : André Provencher

Les Éditions La Presse
7, rue Saint-Jacques, Montréal (Québec) H2Y 1K9
514 285-4428

TABLE
DES MATIÈRES

Trois chefs et un cuisinier mettent la main à la pâte pour vous offrir des idées et des conseils faciles qui rendront vos recettes de la semaine plus variées et plus savoureuses.

La Tablée des Chefs a réuni trois étoiles montantes de la gastronomie québécoise : François Blais, du restaurant *Panache* de l'Auberge Saint-Antoine, à Québec ; Alexandre Loiseau, chef-propriétaire du bistro *Cocagne*, à Montréal ; et Audrey Dufresne, des *Trois petits bouchons,* à Montréal. Ces trois jeunes chefs déjà impliqués dans notre organisme et qui travaillent dans des maisons réputées ont accepté de relever le défi que nous leur avons lancé.

Le défi

Nous leur avons demandé de se mettre dans les souliers de parents d'une famille de deux enfants dotés d'un budget hebdomadaire de nourriture d'environ 180 $ par semaine. Ce budget exclut cependant les denrées de base (condiments, huile, beurre, lait, etc.)

Nos trois chefs devaient d'abord proposer sept recettes savoureuses pour les sept soupers de la semaine. En plus de respecter le budget donné, il leur fallait aussi offrir une deuxième vie à ces recettes en créant sept plats supplémentaires pour le lunch du lendemain. Ils se sont ensuite amusés à échanger leurs recettes, histoire de créer chacun des repas rapides à partir des recettes originales de leurs collègues. Leur mission, dans les deux cas, était de nous changer du traditionnel sandwich jambon-fromage et de nous régaler. Ces recettes du midi pouvaient s'inspirer d'un seul élément du souper précédent ou encore utiliser l'ensemble des restes. Les chefs avaient également la possibilité d'ajouter à leurs plats du midi d'autres ingrédients achetés à cet effet et prévus dans leur planification de la semaine. Car, on le sait, le plus grand défi de tout cuisinier, qu'il soit néophyte ou professionnel, consiste à servir des aliments frais et à composer des recettes savoureuses et variées, tout en limitant le coûteux gaspillage. La planification des achats et des repas demeure la clé de la réussite.

C'est donc 35 recettes que vous proposent chacun de nos cuisiniers professionnels pour vous charmer et vous donner envie de voir la gestion du frigo et du garde-manger comme un plaisir plutôt qu'une corvée. Pour nous, de *La Tablée des Chefs* qui travaillons quotidiennement à récupérer et redistribuer les restes des grands hôtels et restaurants afin de nourrir les gens dans le besoin à travers le Québec avec l'aide des Banques alimentaires Québec, nous avions envie de vous encourager à poser le même geste à la maison. C'est pourquoi nous avons mis à votre disposition trois des meilleurs jeunes chefs d'ici pour vous aider à dynamiser votre cuisine de tous les jours et à cuisiner vos restes en toute confiance !

Les chefs à l'épicerie

Bien sûr, la plupart des chefs professionnels n'achètent pas au supermarché les aliments qu'ils cuisinent. Ils profitent souvent de prix réduits, en raison du gros volume d'aliments achetés auprès de leurs distributeurs et grossistes. Le défi était donc encore plus grand pour nos toqués, car, à l'instar du commun des mortels, il leur fallait lire les circulaires à la recherche de soldes leur permettant d'étirer leur budget cuisine sur sept jours. Les chefs ont donc travaillé dans les mêmes conditions qu'un père ou une mère de famille qui a ses oisillons à nourrir jour après jour... Plusieurs se sont donné la peine de visiter fruiteries, boucheries et autres boutiques spécialisées, où l'on trouve souvent un excellent rapport qualité-prix et des soldes intéressants.

Trois chefs et un cuisinier

En plus des trois chefs, et comme d'Artagnan avec les trois mousquetaires, j'ai décidé de me lancer dans l'aventure de ce livre et de tenir à mon tour la queue de la poêle pour vous proposer mes recettes. Des recettes toutes simples et sans prétention, puisées dans un répertoire que je cultive depuis que j'ai commencé à cuisiner avec ma mère, à l'âge de 12 ans. C'est d'ailleurs mon amour de la cuisine et ma passion pour le métier de cuisinier qui m'ont décidé, à 25 ans, à mobiliser ces professionnels via *La Tablée des Chefs*, car je croyais qu'ils pouvaient collectivement contribuer à changer le triste tableau de la faim au Québec. Les dix dernières années m'ont prouvé que j'avais eu raison de leur faire confiance.

En guise de conclusion, je me permettrai cette suggestion : impliquez vos enfants dans la cuisine à l'heure des repas et ce, dès leur plus jeune âge. Laissez-les vous aider, apprenez-leur vos trucs, montrez-leur comment apprêter des restes, ayez du plaisir avec eux autour de la nourriture. C'est un ciment essentiel pour toute famille et un bel héritage à leur transmettre dès leur plus jeune âge. C'est le lieu le plus propice pour apprendre à partager, à s'entraider et à grandir dans l'harmonie ; le lieu de tous les parfums, de tant d'éclats de rire et de souvenirs impérissables ! C'est l'héritage que ma propre mère m'a transmis et je lui en serai toujours reconnaissant. Amusez-vous et régalez-vous !

Jean-François Archambault,
Directeur général et fondateur de La Tablée des Chefs

FRANÇOIS BLAIS
PANACHE

Depuis sa sortie du Centre de formation professionnelle Fierbourg, à Québec, en 1997, François Blais n'a jamais cessé de s'impliquer dans différents projets destinés à aider les gens à mieux s'alimenter. Particulièrement sensible à la cause des jeunes, il était tout naturel pour lui de contribuer à l'élaboration de ce livre original de *La Tablée des Chefs*.

François Blais dirige de main de maître le restaurant *Panache* de *l'Auberge Saint-Antoine* (Relais & Châteaux) depuis déjà six ans. Créatif et audacieux, il a su contribuer à son succès en mettant au goût du jour la cuisine québécoise traditionnelle, tout en y ajoutant une légère touche de raffinement. Son parcours est parsemé de rencontres marquantes avec les chefs de grands établissements (*La Pinsonnière* et *L'Eau à la bouche*, membres de Relais & Châteaux, *l'Auberge du Mange Grenouille*, au Bic, *Le Galopin*, à Québec). Ces mentors avec qui il a travaillé lui ont permis de développer curiosité, rigueur et goût d'une cuisine authentique à base de produits locaux. En 2000, François Blais accepte la direction des cuisines de *l'Auberge Le Canard Huppé*, sur l'Île d'Orléans, avant d'aller parfaire sa formation au *Laurie Raphaël*, auprès de Daniel Vézina.

En 2003, son rêve de créer son propre univers culinaire prend forme lorsqu'il se voit confier la lourde tâche de créer et concevoir le restaurant de *l'Auberge Saint-Antoine*, à Québec. *Panache* ouvre ses portes en juillet 2004 et sa cuisine à la fois moderne et simple, aux accents de terroir revisité, lui permet de se tailler une place enviable dans la gastronomie québécoise, puis nord-américaine. Modeste et généreux, malgré les nombreux honneurs récoltés depuis le début de sa carrière, François Blais est profondément impliqué dans sa communauté, participant à une foule d'événements caritatifs et dispensant de la formation aux futurs cuisiniers, qui, malgré son jeune âge, le voient à leur tour comme un mentor.

François Blais avoue que c'est en partie en feuilletant « La cuisine raisonnée » et autres recueils de secrets régionaux qu'il a créé ses versions « signature » de plats traditionnels, dont le ragoût de ris de veau, la purée de pommes de terre *Yukon Gold*, le macaroni au fromage de l'Isle-aux-Grues, le pudding au pain ou les beignets glacés à l'érable. C'est donc ce type de cuisine à la fois savoureuse, simple et originale qu'il offre aux lecteurs dans ces pages.

LA LISTE
DE FRANÇOIS

Épicerie

2 abaisses de pâte
   à tarte précuites
1 boîte de 540 ml (19 oz)
   de lentilles
1 litre (4 tasses) de bouillon
   de légumes
1,5 litre (6 tasses) de bouillon
   de poulet
250 g (8 oz) de tagliatelles

Viandes et poissons

1 carré de porc de 1 kg (2,2 lb)
800 g (1,8 lb) de bœuf
   dans la ronde
600 g (1,5 lb)
   de crevettes nordiques
8 filets de doré
   de 150 g (5,3 oz) chacun
10 hauts de cuisse de poulet
1 jambon fumé de 1,5 kg (3,3 lb)
3 jarrets d'agneau d'environ
   454 g (1 lb) chacun
8 tranches de bacon

Produits laitiers

500 ml (2 tasses) de crème 35 %
100 g (3,5 oz) de fromage
   à la crème
250 ml (1 tasse) de gruyère râpé
6 œufs

Fruits et légumes

2 barquettes
   de champignons blancs
1 barquette de tomates cerises
2 bottes d'asperges
1 botte de ciboulette
1 bulbe d'ail
4 carottes
1 céleri-rave d'environ 454 g (1 lb)
1 courge musquée
2 courgettes jaunes
3 courgettes vertes
250 ml (1 tasse) de fèves germées
200 g (7 oz) de têtes de violon
6 échalotes vertes
1 laitue Boston
3 oignons
1 patate douce
1 petit chou de Savoie
1 petit rutabaga
1 pied de céleri
2 poireaux
1 poivron jaune
1 poivron orange
2 poivrons rouges
1 poivron vert
10 pommes de terre à chair jaune
4 pommes rouges
   (Cortland ou Gala)
1 tige de gingembre
4 tomates

À conserver dans le garde-manger ou dans le réfrigérateur

Cassonade
Couscous
Herbes de Provence
Huile de sésame
Huile d'olive
Huile végétale
Lait
Mayonnaise
Moutarde de Dijon
Muscade
Pain de grains entiers
Poudre de cari
Riz à risotto
Riz basmati
Sauce soya
Sauce Worcestershire
Sirop d'érable
Vin blanc
Vin rouge

HAUTS DE CUISSE DE POULET
AU CARI ET LENTILLES

Ingrédients

10 hauts de cuisses de poulet

15 ml (1 c. à soupe) d'huile végétale

10 ml (2 c. à thé) de poudre de cari, divisée

30 ml (2 c. à soupe) de cassonade, divisée

30 ml d'huile végétale (canola ou tournesol)

1 poivron rouge, en dés

1 poivron jaune, en dés

1 courgette verte, en rondelles

1 gros oignon, haché finement

1 barquette de champignons blancs, tranchés

1 branche de céleri, en dés

1 boîte de 540 ml (19 oz) de lentilles,
égouttées et rincées

Sel et poivre, au goût

Préchauffer le four à 180 °C (350 °F).

Chauffer une poêle à feu moyen, avec la moitié de l'huile et du cari. Ajouter le poulet et le faire sauter de tous les côtés jusqu'à ce qu'il soit légèrement doré. Ajouter la moitié de la cassonade en fine pluie.sur la volaille, puis saler et poivrer. Mettre le poulet dans un plat allant au four et cuire environ 20 minutes.

Entre-temps, chauffer le reste de l'huile et du cari dans la poêle ayant servi à brunir le poulet. Ajouter tous les légumes et les faire sauter une dizaine de minutes, ou jusqu'à ce qu'ils soient cuits, mais encore légèrement croquants. Ajouter le reste de la cassonade et les lentilles et rectifier l'assaisonnement.

Disposer les légumes dans un grand plat de service et y déposer la volaille. Servir immédiatement.

On peut préparer ce plat d'avance et il sera encore meilleur si on le réchauffe pendant une heure au four à 120 °C (250 °F).

SOUPE-REPAS AUX LENTILLES
ET SANDWICHS BLT AU POULET
Dîner

PARMENTIER DE VOLAILLE AU CARI
ET SES DEUX POMMES
Suggestion d'Audrey

Ingrédients soupe

Restes de lentilles et légumes
de la recette de hauts de cuisse
de poulet au cari et lentilles
(le poulet enlevé)

1 litre (4 tasses) de bouillon de
volaille non salé

Sandwichs BLT au poulet

8 tranches de pain de
grains entiers

2 tomates, en tranches fines

1 laitue Boston, effeuillée,
lavée et essorée

8 tranches de bacon,
cuites et égouttées

60 ml (4 c. à soupe) de mayonnaise

200 à 300 g (7 à 10 oz)
de restes de hauts de cuisse
de poulet au cari, désossées

Sel et poivre,
au goût

Préparation soupe

Dans une casserole, mélanger les restes de lentilles et de légumes au
cari avec le bouillon de volaille et porter à ébullition à feu moyen-vif.
Réduire le feu et laisser mijoter environ 10 minutes.

Préparation sandwichs

Entre-temps, toaster les tranches de pain, puis tartiner de mayonnaise.
Garnir de laitue, de tranches de tomates, de bacon et de poulet
désossé. Saler et poivrer au goût.

Servir une généreuse portion de soupe bien chaude accompagnée
d'un sandwich.

Ingrédients

500 ml (2 tasses) de restes
de poulet, effilochés

2 pommes à cuire, en quartiers

4 pommes de terre à chair jaune,
pelées

30 ml (2 c. à soupe) de miel

10 ml (2 c. à thé)
de poudre de cari

60 ml (4 c. à soupe) de beurre

Sel et poivre, au goût

Cuire les pommes de terre dans l'eau bouillante salée jusqu'à tendreté.
Égoutter et réserver au chaud.

Préchauffer le four à 180 °C (350 °F).

Dorer les pommes dans le beurre à feu doux 3 à 4 minutes. Ajouter
le miel et cuire quelques minutes de plus. Écraser les pommes et
les pommes de terre à la fourchette. Saler, poivrer et ajouter une noix
de beurre.

Mélanger le poulet effiloché avec la poudre de cari et mettre dans
un plat à gratin huilé. Garnir de purée et cuire 30 minutes, ou jusqu'à
ce que le parmentier soit bien chaud. Accompagner d'un légume vert
et d'un ketchup aux fruits maison.

RIZ AU POULET
ET AU CARI
Suggestion d'Alexandre

Ingrédients

775 ml (3 tasses)
de riz basmati, cuit

375 ml (1 ½ tasse) environ,
de restes de cuisses de poulet
cuites, en dés

1 gros oignon, haché finement

3 gousses d'ail, hachées finement

15 ml (1 c. à soupe) d'huile d'olive

1 poivron rouge, en cubes

15 ml (1 c. à soupe) de
gingembre frais, haché

2 ml (½ c. à thé)
de graines de coriandre

2 ml (½ c. à thé) de cumin moulu

20 ml (4 c. à thé)
de poudre de cari

Sel, au goût

75 ml (5 c. à soupe)
de yogourt nature

Poivre concassé, au goût

60 ml (4 c. à soupe) d'amandes
entières, tranchées et rôties

Dans une grande poêle, chauffer l'huile d'olive à feu moyen. Faire
sauter l'oignon, l'ail et les poivrons rouges pendant 3 minutes dans
l'huile d'olive. Ajouter le poulet, le gingembre, les graines de coriandre,
le cumin et le cari. Cuire 1 minute de plus. Ajouter le riz et mélanger
délicatement jusqu'à ce qu'il soit bien chaud. Répartir dans quatre
assiettes et garnir chacune de yogourt nature, de poivre concassé
et d'amandes rôties.

PIZZA AU POULET
SUR PAIN NAAN
Suggestion de Jean-François

Ingrédients

Restes de cuisses de poulet,
désossées et en morceaux

1 oignon espagnol,
haché finement

1 poivron rouge,
en fines lanières

4 pains naan

45 ml (3 c. à soupe)
d'huile d'olive

10 ml (2 c. à thé) de vinaigre
de vin rouge

Sel et poivre, au goût

À l'aide d'un pinceau, badigeonner les pains naan avec une partie
de l'huile d'olive. Réserver.

Dans un poêlon, chauffer le reste de l'huile d'olive à feu moyen-vif et
y sauter les oignons, les poivrons et les morceaux de poulet jusqu'à ce
qu'ils soient bien grillés. Ajouter le vinaigre de vin en fin de cuisson.
Assaisonner, au goût.

Déposer la préparation de façon uniforme sur les pains naan et
recouvrir de fromage mozzarella. Cuire au four pendant 15 minutes,
ou jusqu'à ce que le fromage soit fondu et légèrement doré.

JARRETS D'AGNEAU BRAISÉS,
PURÉE DE POMMES DE TERRE ET PETITS LÉGUMES

Ingrédients

3 jarrets d'agneau d'environ 454 g (1 lb) chacun

1 barquette de tomates cerises

1 oignon, haché finement

½ poivron rouge, en gros cubes

1 branche de céleri, en dés

1 poireau, émincé

180 ml (¾ tasse) de vin rouge sec

1 pincée d'herbes de Provence

20 ml (4 c. à thé) d'herbes salées

75 ml (5 c. à soupe) d'huile végétale (canola ou tournesol), divisée

1 courgette verte, en tranches

1 courgette jaune, en tranches

½ poivron orange, en gros cubes

4 pommes de terre à chair jaune, pelées

1 carotte, en dés

30 ml (2 c. à soupe) de beurre

90 ml (6 c. à soupe) de lait

Sel et poivre, au goût

Préchauffer le four à 150 °C (300 °F). Dans un fait-tout, faire chauffer 30 ml (2 c. à soupe) d'huile à feu moyen-vif. Y faire revenir les jarrets de tous côtés jusqu'à ce qu'ils soient dorés. Ajouter les oignons, le céleri, le poireau et les carottes. Poursuivre la cuisson de 2 à 3 minutes.

Ajouter le vin et les herbes de Provence. Amener à ébullition, puis mouiller à mi-hauteur avec de l'eau. Assaisonner avec les herbes salées, couvrir et mettre au four environ 3 heures ou jusqu'à ce que la viande se détache de l'os. Le jus de cuisson servira de sauce.

Entre-temps, faire cuire les pommes de terre pelées dans de l'eau bouillante salée jusqu'à ce qu'elles soient très tendres. Égoutter et utiliser le presse-purée ou un pilon à pommes de terre pour les réduire en purée. Ajouter une noix de beurre, le lait, le sel et le poivre et réserver au chaud.

Quelques minutes avant le service, faire chauffer dans une poêle le reste de l'huile à feu moyen-vif. Sauter les courgettes et les poivrons de 3 à 5 minutes, puis ajouter les tomates cerises. Saler et poivrer.

Servir les jarrets au centre de la table dans leur plat de cuisson avec les légumes sautés et la purée de pommes de terre.

TAGLIATELLES À L'AGNEAU
ET AUX HERBES SALÉES
Dîner

Ingrédients

250 g (8 oz) de tagliatelles

300 g (10,5 oz) environ, de restes de jarrets d'agneau

250 ml (1 tasse) de jus de cuisson des jarrets d'agneau

10 ml (2 c. à thé) d'herbes salées, au goût

Poivre, au goût

Cuire les tagliatelles selon la méthode indiquée sur l'emballage, en réservant 125 ml (½ tasse) d'eau de cuisson des pâtes pour la sauce.

Entre-temps, effilocher la viande en morceaux de grosseur moyenne. Dans une casserole, amener le jus de cuisson de la viande à ébullition. Faire réchauffer l'agneau dans le jus de cuisson. Ajouter des herbes salées et poivrer, au goût.

Ajouter les pâtes cuites et l'eau de cuisson et bien mélanger. Servir immédiatement dans des assiettes creuses chaudes, de préférence.

On peut aussi ajouter les restes de légumes des jarrets d'agneau à la sauce, si désiré.

PETITS OIGNONS
FARCIS À L'AGNEAU
Suggestion d'Audrey

Ingrédients

300 ml (10,5 oz), de restes de jarrets d'agneau, effilochés

4 oignons jaunes moyens, entiers

45 ml (3 c. à soupe) d'huile d'olive

45 ml (3 c. à soupe) de noix de pin

2 gousses d'ail, hachées

60 ml (4 c. à soupe) de persil, haché

10 ml (2 c. à thé) de cumin moulu

375 ml (1 ½ tasse), de bouillon de braisage des jarrets d'agneau (ou bouillon de poulet)

Sel et poivre, au goût

Faire une incision profonde dans chaque oignon, côté queue, pour une cuisson uniforme. Les cuire dans l'eau bouillante salée 5 minutes. Évider les oignons. Saler et conserver la pulpe évidée pour la farce. Déposer dans un plat à gratin beurré. Préchauffer le four à 180 °C. (350 °F.). Hacher la pulpe d'oignon et suer dans l'huile d'olive. Ajouter ail, noix de pin, cumin, effiloché d'agneau, la moitié du persil et juste assez de jus de braisage (ou bouillon) pour humecter. Assaisonner et farcir les oignons. Ajouter le reste du jus de braisage dans le plat et cuire 30 à 45 minutes, en arrosant en cours de cuisson.

Juste avant la fin de la cuisson, prélever 125 ml (½ tasse) de bouillon du plat et l'amener à ébullition, puis ajouter 15 ml (1 c. à soupe) de beurre froid, en fouettant. Napper de cette sauce et garnir de persil.

POTÉE DE LENTILLES À L'AGNEAU

Suggestion d'Alexandre

Ingrédients

625 ml (2 ½ tasses) environ, de lentilles cuites

250 g (8,5 oz) de restes de jarrets d'agneau

1 oignon, haché finement

1 gousse d'ail, hachée finement

2 branches de céleri, émincées

500 ml (2 tasses) de tomates concassées en boîte

5 ml (1 c. à thé) de thym frais

Sel, poivre et sucre, au goût

20 ml (4 c. à thé) d'huile d'olive

Dans une grande poêle, faire suer l'ail, l'oignon et le céleri dans l'huile d'olive pendant 2 minutes. Ajouter les tomates concassées, saler, poivrer et ajouter le thym. Ajouter l'agneau et les lentilles et laisser cuire à feu doux pendant 20 minutes. Servir.

PÂTÉ CHINOIS D'AGNEAU BRAISÉ

Suggestion de Jean-François

Ingrédients

Les restes de jarrets d'agneau

Les restes de purée de pommes de terre et de légumes

125 ml (½ tasse) de bouillon de bœuf

Sel et poivre, au goût

Préchauffer le four à 180 °C (350 °F).

Effilocher les morceaux d'agneau et répartir également dans un plat de pyrex de 4 portions. Verser le bouillon de bœuf sur la viande et mélanger délicatement.

Hacher grossièrement les légumes restants et déposer sur l'agneau, de manière à bien recouvrir la viande. Saler et poivrer au goût. Couvrir du reste des pommes de terre en purée. Ajouter un peu de lait si la purée est trop sèche.

Cuire au four de 20 à 30 minutes, ou jusqu'à ce que le pâté soit bien chaud. Servir avec une salade verte, si désiré.

CASSER LA CROÛTE !

RISOTTO
AUX CREVETTES ET ASPERGES

Ingrédients

250 ml (1 tasse) de riz à risotto arborio
ou carnaroli

½ oignon, haché finement

1 pincée d'herbes de Provence

1 litre (4 tasses) de bouillon de légumes
ou de poulet

45 ml (3 c. à soupe) d'huile d'olive

300 g (10,5 oz) de crevettes nordiques

20 asperges vertes

100 g (3,5 oz) de fromage à la crème

Sel et poivre, au goût

Couper la partie dure des asperges et les éplucher au besoin. Les cuire à l'eau bouillante salée 1 minute et les refroidir immédiatement à l'eau glacée pour arrêter la cuisson et fixer leur couleur.

Dans une casserole, amener le bouillon de légumes ou de poulet à ébullition. Réduire le feu au minimum et réserver.

Dans une autre casserole de grosseur moyenne, chauffer l'huile d'olive à feu moyen-doux et y faire suer les oignons avec les herbes jusqu'à transparence.

Ajouter le riz et remuer pour bien l'enrober d'huile. Mouiller avec une partie du bouillon préchauffé, juste assez pour recouvrir le riz. Cuire à feu moyen-doux, en remuant fréquemment, jusqu'à ce que le bouillon soit presque complètement absorbé. Répéter l'opération jusqu'à ce que le riz soit cuit, mais encore légèrement *al dente* au centre.

Ajouter les asperges coupées en morceaux d'environ 2,5 cm (1 po), les crevettes et le fromage à la crème. Remuer délicatement, jusqu'à ce que le fromage soit bien mélangé. Saler et poivrer au goût. Au besoin, ajouter un peu de bouillon chaud.

Le risotto se sert dans un bol et doit avoir un aspect crémeux et légèrement coulant.

SALADE DE CREVETTES DE SEPT-ÎLES
ET CÉLERI EN RÉMOULADE

Dîner

BOULETTES DE VIANDE
PORC ET CREVETTES

Suggestion d'Audrey

Ingrédients

300 g (10,5 oz) de crevettes de Sept-Îles (nordiques)

1 céleri-rave d'environ 454 g (1 lb)

125 ml (½ tasse) de mayonnaise

30 ml (2 c. à soupe) de moutarde de Dijon

1 botte de ciboulette, hachée finement

Sel et poivre, au goût

Pain de campagne

Confectionner la sauce rémoulade en mélangeant la mayonnaise et la moutarde. La sauce doit être bien relevée en moutarde. Peler le céleri-rave et le râper.

Mélanger le céleri-rave, les crevettes, la ciboulette et la sauce dans un grand bol, puis rectifier l'assaisonnement.

Servir accompagné d'un bon pain de campagne.

Ingrédients

160 g (6 oz) de porc haché

80 g (3 oz) de crevettes nordiques, hachées

1 œuf

1 oignon moyen, haché finement

1 gousse d'ail, hachée finement

Sauce aux arachides du commerce (ou sauce soya), au goût

250 ml (1 tasse) de riz cuit

15 ml (1 c. à soupe) de persil, haché finement

15 ml (1 c. à soupe) de sauce soya

Sel et poivre, au goût

15 ml (1 c. à soupe) de coriandre, hachée

Dans un bol, mélanger les 8 premiers ingrédients et façonner en petites boulettes. Saler et poivrer. Dans une assiette plate, étaler le riz cuit en une fine couche. Rouler les boulettes dans le riz pour les enrober uniformément.

Amener une casserole d'eau munie d'un bain-marie ou d'un panier de bambou à ébullition. Y déposer les boulettes en une seule couche et cuire à la vapeur 15 minutes. Répéter l'opération, si nécessaire.

Servir les boulettes accompagnées de sauce aux arachides ou de sauce soya.

SALADE DE CREVETTES
ET D'ASPERGES
Suggestion d'Alexandre

Ingrédients

375 ml (1 ½ tasse) de crevettes nordiques, cuites

24 asperges, cuites (mais encore croquantes)

1 gousse d'ail, hachée finement

60 ml (4 c. à soupe) de persil plat, haché

Le jus et le zeste d'un citron

60 ml (4 c. à soupe) de ciboulette, hachée

60 ml (4 c. à soupe) de yogourt nature

Sel marin et poivre, au goût

75 ml (5 c. à soupe) d'huile d'olive

Couper les asperges en tronçons de 5 cm (2 po) et les mettre dans un grand bol, avec les crevettes cuites. Réserver au froid.

Dans un autre bol, mélanger les fines herbes, le jus de citron, le sel et le poivre. Ajouter le yogourt, en brassant bien. Terminer avec l'huile d'olive en un mince filet, en fouettant pour bien émulsionner. Ajouter au mélange de crevettes. Remuer délicatement et servir avec un bon pain croûté.

SOUPE ASIATIQUE
AUX CREVETTES
Suggestion de Jean-François

Ingrédients

1 paquet de nouilles chinoises

300 g (10,5 oz) environ, de crevettes nordiques

1 litre (4 tasses) de bouillon de poulet

2 gousses d'ail, hachées finement

30 ml (2 c. à soupe) de sauce soya

5 ml (1 c. à thé) de sauce Hoisin

15 ml (1 c. à soupe) de sauce nuoc mam (sauce de poisson)

75 ml (5 c. à soupe) de gingembre frais, haché finement

1 bouquet de coriandre fraiche, hachée finement

Dans une grande marmite d'eau bouillante salée, cuire les nouilles chinoises selon les instructions du paquet. À mi-chemin de la cuisson des nouilles, ajouter le bouillon de poulet.

Juste avant de servir, ajouter le gingembre, l'ail, les crevettes nordiques déjà cuites, la coriandre, la sauce soya, la sauce nuoc mam (sauce de poisson) et la sauce hoisin. Réchauffer et servir immédiatement dans des grands bols individuels.

On peut aussi augmenter la valeur nutritionnelle et la saveur de cette soupe en ajoutant différents légumes, juste avant de servir : bébés épinards, champignons émincés, ciboules (échalotes vertes) hachées, fèves germées.

RÔTI DE BŒUF
AUX LÉGUMES RACINES

Ingrédients

800 g (1,8 lb) de bœuf dans la ronde

15 ml (1 c. à soupe) d'huile végétale
(canola, tournesol)

15 ml (1 c. à soupe) de moutarde de Dijon

1 pincée d'herbes de Provence

Sel et poivre, au goût

½ oignon, haché finement

2 carottes, pelées

1 petit rutabaga (navet jaune), pelé

1 patate douce, pelée

2 pommes de terre à chair jaune,
avec la pelure

Préchauffer le four à 180 °C (350 °F).

Assaisonner le rôti avec l'huile, la moutarde et les herbes, puis saler et poivrer généreusement. Couper les légumes en morceaux d'environ 3 cm (1,2 po).

Répartir les légumes au fond d'une rôtissoire et y déposer le bœuf. Ajouter un peu d'eau afin d'éviter que les légumes ne brûlent pendant la cuisson.

Cuire au four 30 minutes pour une cuisson rosée. Retirer le rôti de bœuf de la rôtissoire et le déposer sur une planche à découper. Recouvrir d'un papier d'aluminium et laisser reposer au moins 10 minutes avant de trancher, pour éviter que la viande ne se vide de son sang.

Entre-temps, récupérer le jus de cuisson et le chauffer dans une petite casserole. Servir en saucière avec le rôti et les légumes, sur des assiettes bien chaudes.

On peut aussi préparer une sauce rapide en déglaçant les jus de cuisson avec 125 ml (½ tasse) de vin rouge sec, qu'on laissera réduire de moitié sur feu vif, avant de le passer au tamis et de servir en saucière.

COUSCOUS
AUX RESTES DE RÔTI DE BŒUF
Dîner

PROFITEROLES AU RÔTI DE BŒUF, OIGNONS CARAMÉLISÉS
Suggestion d'Audrey

Ingrédients

375 ml (1 ½ tasse) de couscous moyen	½ oignon, haché finement
250 ml (1 tasse) d'eau bouillante	1 tomate fraîche, en dés
60 ml (4 c. à soupe) d'huile d'olive	125 g (4 oz) de champignons de Paris, tranchés
1 pincée d'herbes de Provence	125 ml (½ tasse) de jus de légumes
Quelques gouttes de Tabasco	Restes du rôti de boeuf, en dés et de sauce
Quelques gouttes de sauce Worcestershire	Restes de légumes racines
½ poivron rouge, en dés	Sel et poivre, au goût
½ poivron vert, en dés	

Mélanger le couscous avec 30 ml (2 c. à soupe) d'huile d'olive, les herbes de Provence, le Tabasco et la sauce Worcestershire. Verser l'eau bouillante et couvrir pour gonfler 5 minutes. Une fois le couscous gonflé, le défaire à la fourchette.

Sauter les légumes dans le reste de l'huile d'olive. Ajouter le boeuf, les tomates, les légumes racines, le reste de sauce du rôti et le jus de légumes. Saler et poivrer et bien réchauffer.

Disposer le couscous dans 4 assiettes, puis répartir les légumes et le boeuf réchauffés sur le dessus. Servir. Vous pouvez également ajouter des saucisses grillées de boeuf, si désiré.

Ingrédients

250 ml (1 tasse) d'eau et pincée de sel	2 oignons, hachés
90 ml (6 c. à soupe) de beurre	Feuille de laurier et branche thym
150 ml (10 c. à soupe) de farine	180 ml (¾ tasse) crème sûre
4 œufs	10 ml (2 c. à thé) raifort, râpé
30 ml (2 c. à soupe) de moutarde de Meaux	300 g (10,5 oz) restes rôti boeuf
	Sel et poivre, au goût

Préchauffer le four à 190 °C (375 °F). Dans une casserole, chauffer l'eau, le beurre et le sel sous le point d'ébullition. Ajouter la farine et dessécher la pâte 5 minutes sur le feu, en brassant. Retirer du feu et incorporer les œufs un à un, en brassant bien, jusqu'à ce que la pâte forme une boule compacte. Mettre la pâte dans une poche à pâtisserie avec large douille et façonner en forme de choux. Cuire 20 à 25 minutes, jusqu'à ce que doré. Refroidir à température ambiante.

Dans une poêle, ramollir les oignons dans l'huile avec le laurier et le thym. Couvrir et cuire 15 minutes de plus, à feu doux. Saler et poivrer. Dans un autre bol, mélanger crème sûre, raifort et moutarde. Assaisonner. Couper les profiteroles en deux. Garnir avec les oignons, le rôti de boeuf, puis la crème de raifort. Recouvrir avec l'autre moitié des profiteroles.

SANDWICHS AU RÔTI
DE BŒUF AU JUS

Suggestion d'Alexandre

Ingrédients

1 baguette, coupée en 4 sections égales	8 tranches de tomates fraîches
375 ml (1 ½ tasse) environ, de restes de rôti de bœuf au jus, tranchés finement	125 ml (½ tasse) environ, de restes de jus de rôti de bœuf réduit (facultatif)
100 ml (7 c. à soupe) de fromage cheddar, râpé	Mayonnaise, au goût
250 ml (1 tasse) de mini roquette	Sel et poivre du moulin, au goût

Trancher les morceaux de baguette en deux sur la longueur. Dans une petite casserole, faire chauffer le jus de viande. Tartiner la mie de pain avec la mayonnaise et badigeonner ensuite avec le jus de viande chaud (facultatif).

Ajouter le cheddar râpé et le rôti de bœuf, puis garnir de mini roquette et de tranches de tomates. Saler et poivrer au goût. Refermer le sandwich et servir.

On peut aussi, si on le désire, servir le jus de viande réduit à part et y tremper son sandwich en mangeant. Il faudra alors doubler la quantité requise à 250 ml (1 tasse).

BŒUF BOURGUIGNON
EXPRESS

Suggestion de Jean-François

Ingrédients

Les restes de rôti de bœuf, en gros cubes	750 ml (3 tasses) de bouillon de bœuf
Restes du fond de cuisson du rôti de bœuf	125 ml (½ tasse) de vin rouge
16 à 20 petits oignons perlés	Une branche de thym frais
8 champignons de Paris, émincés	Sel et poivre, au goût
Un filet d'huile d'olive	

Dans une petite casserole d'eau bouillante, cuire les oignons perlés pendant environ 5 minutes. Retirer du feu, égoutter et rincer à l'eau froide. Une fois les oignons refroidis, les peler et bien les assécher.

Dans un faitout, faire chauffer l'huile d'olive à feu moyen-vif et y faire revenir les oignons perlés et les champignons émincés jusqu'à coloration. Ajouter le fond de cuisson du rôti et les cubes de bœuf.

Mouiller avec le bouillon, ajouter le vin rouge et la branche de thym et amener à ébullition à feu vif. Couvrir et cuire à feu moyen-doux une cinquantaine de minutes. Jeter la branche de thym. Servir avec une purée de pommes de terre et un légume vert.

CARRÉ DE PORC LAQUÉ À L'ÉRABLE,
PURÉE DE COURGE
ET TÊTES DE VIOLON

Ingrédients

1 carré de porc de 1 kg (2,2 lb)

30 ml (2 c. à soupe) d'huile végétale
(canola, tournesol)

125 ml (½ tasse) de sirop d'érable

200 g (7 oz) de têtes de violon

1 courge musquée (butternut)

60 ml (4 c. à soupe) de beurre, divisé

250 ml (1 tasse) de bouillon de poulet

Sel et poivre, au goût

Préchauffer le four à 180 °C (350 °F).

Saler et poivrer le porc. Dans un fait-tout, chauffer l'huile à feu moyen. Faire colorer le carré de porc parfaitement de tous les côtés. Mettre ensuite au four et cuire à découvert de 20 à 25 minutes. Prélever le jus de cuisson du porc et le réserver pour assaisonner la purée de courge.

Remettre le fait-tout sur feu moyen, avec le carré de porc. Ajouter le sirop d'érable et cuire en retournant la pièce de viande fréquemment pour bien l'enduire de sirop de tous les côtés. Laisser réduire le sirop presque à sec, en prenant soin de ne pas le laisser brûler. Il doit demeurer d'une belle couleur caramel.

Retirer le carré de porc du fait-tout et le déposer sur une planche à découper. Recouvrir d'un papier d'aluminium et laisser reposer environ 10 minutes avant de trancher.

Entre-temps, éplucher, épépiner et couper la courge en morceaux de grosseur moyenne. Les faire sauter dans 30 ml (2 c. à soupe) de beurre afin de leur donner une légère coloration. Mouiller avec le bouillon de poulet et le jus de cuisson du porc et amener à ébullition à feu moyen-vif. Réduire le feu et laisser mijoter, à découvert, jusqu'à ce que la courge soit cuite.

Passer la courge au mélanger afin d'obtenir une purée lisse, puis rectifier l'assaisonnement. Réserver au chaud.

Bien rincer les têtes de violon. Les cuire à l'eau bouillante salée, de 3 à 5 minutes. Rincer de nouveau, puis bien égoutter. Dans une poêle, fondre le reste du beurre à feu moyen et y faire revenir les têtes de violon de 3 à 5 minutes. Saler et poivrer au goût.

Servir le carré de porc en tranches, avec les têtes de violon et la purée de courge.

SAUTÉ DE PORC
AUX LÉGUMES

Dîner

GNOCCHIS DE COURGE
AU BEURRE DE SAUGE

Suggestion d'Audrey

Ingrédients

Ingrédients	Sauce
400 g (14 oz) environ, de restes du carré de porc à l'érable	15 ml (1 c. à soupe) de gingembre frais, haché
½ poivron vert, en lanières de 2,5 cm (1 po)	2 gousses d'ail, hachées finement
½ poivron rouge, en lanières de 2,5 cm (1 po)	45 ml (3 c. à soupe) de sauce soya
½ poivron jaune, en lanières de 2,5 cm (1 po)	45 ml (3 c. à soupe) d'huile de sésame grillé
1 courgette verte, en rondelles	Sel et poivre, au goût
1 courgette jaune, en rondelles	60 ml (4 c. à soupe) de feuilles de coriandre, pour garnir
1 carotte, en fines rondelles	
1 branche de céleri, en dés	
½ oignon, émincé	
250 ml (1 tasse) de fèves germées	
¼ de chou de Savoie, émincé	

Couper le porc en fines lanières. Dans une grande poêle, faire chauffer l'huile de sésame à feu moyen-vif. Faire sauter tous les légumes, sauf les fèves germées, jusqu'à ce qu'ils soient presque cuits, mais encore croquants.

Ajouter le porc, les fèves germées, l'ail, la sauce soya et le gingembre. Bien mélanger et cuire 2 minutes de plus. Rectifier l'assaisonnement et servir, garni de coriandre.

Ingrédients

160 g (6 oz) de porc haché	2 feuilles de sauge fraîche
500 ml (2 tasses) de courge musquée, en purée	75 ml (5 c. à soupe) de parmesan râpé
1 œuf	15 ml (1 c. à soupe) de beurre froid, en dés
Farine tout usage, assez pour obtenir une pâte souple	Sel et poivre, au goût
90 ml (6 c. à soupe) de beurre	

Préchauffer le four à 180 °C (350 °F). Dessécher la purée au four 10 minutes. Mettre dans un bol avec l'œuf, saler et poivrer. Incorporer la farine, 30 ml (2 c. à soupe) à la fois, jusqu'à obtenir une pâte souple qui ne colle presque plus aux doigts. Envelopper de plastique et réserver, au froid. Fariner un plan de travail. Diviser la pâte en boules de la grosseur du poing, puis façonner en rouleaux de 1,5 cm (¾ po) de diamètre. Couper ces rouleaux en cylindres de 1,5 cm (¾ po) de largeur. Chauffer 90 ml (6 c. à soupe) de beurre, ajouter la sauge et infuser de 2 à 3 minutes. Jeter la sauge. Cuire les gnocchis dans une marmite d'eau bouillante salée jusqu'à ce qu'ils remontent à la surface. Les ajouter au beurre de sauge, avec 90 ml (6 c. à soupe) d'eau de cuisson et cuire 1 minute à feu moyen. Ajouter le parmesan et 15 ml (1 c. à soupe) de beurre froid en dés, en fouettant.

*Vous pouvez garnir de porc laqué à l'érable.

FÈVES AU LARD
ET MORCEAUX DE PORC

Suggestion d'Alexandre

Ingrédients

500 ml (2 tasses) de haricots coco blancs, trempés de 12 à 24 heures et égouttés

125 g (4 oz) de lard salé, en petits dés

375 ml (1 ½ tasse) environ, de restes de rôti de porc, effiloché

1 petit oignon, haché finement

1 gousse d'ail, hachée finement

20 ml (4 c. à thé) de beurre

1 litre (4 tasses) de bouillon de volaille

2 ml (½ c. à thé) de moutarde sèche

75 ml (5 c. à soupe) de sirop d'érable

2 ml (½ c. à thé) de sel

1 ml (¼ c. à thé) de poivre blanc

Dans un fait-tout, faire suer l'oignon et l'ail dans un peu d'huile d'olive pendant 2 minutes. Ajouter le reste des ingrédients, sauf le porc. Cuire, à couvert et à faible ébullition jusqu'à tendreté des haricots (environ 4 heures).

Ajouter le porc dans les 20 dernières minutes de cuisson. Réchauffer et servir.

PENNINES AU PORC
ET AUX POMMES

Suggestion de Jean-François

Ingrédients

Les restes du carré de porc à l'érable

300 g (10,5 oz) environ, de pennines

100 ml (7 c. à soupe) d'huile d'olive

45 ml (3 c. à soupe) de compote de pommes

100 ml (7 c. à soupe) de noix de pin

Sel et poivre, au goût

Dans une marmite remplie d'eau bouillante salée, cuire les pennine selon les instructions du paquet, jusqu'à ce qu'ils soient encore légèrement *al dente*. Retirer du feu, égoutter, puis ajouter la moitié de l'huile d'olive et la compote de pommes. Réserver au chaud.

Couper les morceaux de porc en fines lanières.

Dans une poêle, faire chauffer l'huile d'olive à feu vif et y faire griller les morceaux de porc jusqu'à ce qu'ils soient dorés. Ajouter aux pâtes et garnir de noix de pin. Ajuster l'assaisonnement et servir.

DORÉ DE LAC
AUX ASPERGES ET RIZ BASMATI

Ingrédients

6 à 8 filets de doré de 150 g (5,3 oz) chacun

15 ml (1 c. à soupe) de beurre

20 asperges vertes

½ oignon, haché finement

15 ml (1 c. à soupe) d'huile végétale
(canola, tournesol)

250 ml (1 tasse) de riz basmati

250 ml (1 tasse) de bouillon de poulet

250 ml (1 tasse) d'eau froide

Sel et poivre, au goût

Dans une petite casserole, chauffer le beurre à feu moyen-doux et y faire suer l'oignon jusqu'à transparence. Ajouter le riz et remuer pour bien l'enrober de gras.

Entre-temps, dans une autre casserole, amener le bouillon de poulet et l'eau à ébullition. Verser sur le riz et cuire à couvert et à feu doux jusqu'à l'absorption complète du liquide. Rectifier l'assaisonnement et réserver au chaud.

Couper la partie dure et fibreuse des pieds d'asperges et les éplucher au besoin. Blanchir à l'eau bouillante salée. Réserver au chaud.

Dans une poêle, faire chauffer l'huile à feu moyen. Saler et poivrer les filets de doré. Les cuire à la poêle, environ 2 minutes de chaque côté. Ne pas trop cuire. Servir dans des assiettes chaudes, accompagné de riz basmati et d'asperges.

BRANDADE
DE DORÉ

Dîner

Ingrédients

300 g (10,5 oz) environ, de restes de doré, cuit

4 grosses pommes de terre à chair jaune, pelées

60 ml (4 c. à soupe) d'huile d'olive

30 ml (2 c. à soupe) de beurre

1 échalote sèche, hachée finement

30 ml (2 c. à soupe) de crème 35 %

60 à 90 ml (4 à 6 c. à soupe) de lait

6 ciboules (échalotes vertes), hachées finement

100 ml (7 c. à soupe) de beurre doux 125 ml (½ tasse) de vin blanc sec

Sel et poivre, au goût

Croûtons de pain baguette

Dans une casserole, cuire les pommes de terre dans l'eau bouillante salée jusqu'à parfaite tendreté. Écraser les pommes de terre au presse-purée ou au pilon, puis ajouter l'huile d'olive et le lait. Saler et poivrer au goût. Ajouter les ciboules (échalotes vertes), les restes de doré défait en morceaux et bien mélanger à l'aide d'une fourchette. Rectifier l'assaisonnement.

Dans une petite casserole, faire réduire le vin et l'échalote sèche de moitié à feu vif. Hors du feu, ajouter le beurre peu à peu, en fouettant constamment. Lorsque le beurre est complètement fondu, ajouter la crème et rectifier l'assaisonnement. Réserver au chaud.

Servir la brandade accompagnée de sauce et de croûtons.

CARI DE DORÉ DE LAC
ET POMMES DE TERRE

Suggestion d'Audrey

Ingrédients

15 ml (1 c. à soupe) d'huile (canola ou tournesol)

1 oignon, haché finement

2 gousses d'ail, hachées finement

1 piment oiseau (piquant), émincé (facultatif)

30 ml (2 c. à soupe) de pâte de cari rouge

12 pommes de terre grelots

1 boîte de 400 ml (14 oz) de lait de coco

Le jus de 1 lime

250 ml (1 tasse) d'eau

400 g (14 oz) environ, de restes de doré, en morceaux

30 ml (2 c. à soupe) de nuoc mam (sauce de poisson vietnamienne)

60 ml (4 c. à soupe) de coriandre ou de basilic thaï

Dans un fait-tout ou un wok, suer les oignons 2 à 3 minutes dans l'huile. Ajouter l'ail, le piment oiseau et la pâte de cari. Cuire 5 à 6 minutes.

Ajouter les pommes de terre, le lait de coco et l'eau. Cuire à feu moyen et à découvert jusqu'à ce que les pommes de terre soient tendres (20 à 30 minutes). Ajouter le doré, le nuoc mam et le jus de lime et chauffer, sans cuire le poisson.

Garnir de feuilles de coriandre ou de basilic thaï.

SOUPE DE DORÉ
ET DE LÉGUMES
Suggestion d'Alexandre

Ingrédients

500 ml (2 tasses) de fumet de poisson	1 gros céleri-rave, épluché et coupé en petits dés
500 ml (2 tasses) de crème 35 %	10 ml (2 c. à thé) d'herbes salées
250 ml (1 tasse) environ, de restes de doré, cuit	2 gousses d'ail, hachées finement
1 gros oignon, haché finement	Poivre blanc, au goût
3 grosses carottes, en petits dés	20 ml (4 c. à thé) d'huile d'olive

Dans un fait-tout, faire suer l'oignon et l'ail dans un peu d'huile d'olive pendant 2 minutes. Ajouter les carottes et le céleri-rave. Mouiller au fumet de poisson et à la crème. Ajouter les herbes salées et le poivre blanc.

Augmenter le feu, amener à ébullition, puis baisser le feu de nouveau et laisser mijoter à découvert pendant 15 minutes. Ajouter le doré et cuire pendant 5 minutes, juste pour réchauffer le poisson. Servir dans des bols.

VOLS-AU-VENT DE DORÉ
SAUCE À LA CRÈME
Suggestion de Jean-François

Ingrédients

Les restes de doré
Les restes d'asperges
8 petits vols-au-vent ou 4 gros
1 échalote sèche, hachée finement
125 ml (½ tasse) de vin blanc sec
200 ml (¾ tasse) de crème 35 %
Sel et poivre, au goût

À la fourchette, défaire le doré en petits morceaux et mettre dans un bol. Hacher les asperges finement et les ajouter au doré. Réserver au froid.

Dans une poêle chaude, faire chauffer un peu d'huile d'olive à feu moyen. Y faire revenir l'échalote sèche jusqu'à transparence. Augmenter le feu, ajouter le vin blanc et laisser réduire presqu'à sec. Ajouter ensuite la crème 35 % et réduire de moitié. Baisser le feu au minimum, ajouter les morceaux de doré et les asperges et réchauffer. Saler et poivrer au goût.

Entre-temps, faire réchauffer les vols-au-vent au four pendant 10 minutes. Répartir dans quatre assiettes, garnir de sauce à la crème et servir immédiatement.

JAMBON FUMÉ
AUX POMMES ET À L'ÉRABLE

Ingrédients

1 jambon fumé sur os d'environ 1,5 kg (3,3 lb)

250 ml (1 tasse) de sirop d'érable

4 pommes rouges (Cortland ou Gala)

Poivre, au goût

Préchauffer le four à 160 °C (325 °F).

Couper les pommes en quartiers, en prenant soin d'enlever les cœurs. Déposer dans le fond d'un large fait-tout allant au four et placer le jambon sur les pommes. Verser ensuite le sirop d'érable. Poivrer généreusement et mettre au four environ 2 heures, ou jusqu'à ce que le jambon prenne une jolie teinte dorée. Arroser à l'occasion.

Servir le jambon en tranches accompagné des pommes, de haricots verts et d'une purée de pommes de terre.

QUICHE AU JAMBON
ET LÉGUMES

Dîner

Ingrédients

2 abaisses de pâte à tarte, précuites	500 ml (2 tasses) environ, de restes de jambon, en dés
6 gros œufs	1 blanc de poireau, émincé
680 ml (2 ¾ tasse) de lait	30 ml (2 c. à soupe) de beurre
333 ml (1 ⅓ tasse) de crème 35 %	1 gousse d'ail finement hachée
1 pincée de muscade	Sel et poivre, au goût
1 barquette de champignons, hachés	250 ml (1 tasse) de gruyère râpé

Préchauffer le four à 160 °C (325 °F).

Dans une poêle, chauffer le beurre à feu moyen-doux et y faire suer les légumes jusqu'à ce que les poireaux soient cuits.

Bien mélanger les œufs, le lait, la crème, l'ail et la muscade. Saler et poivrer, au goût.

Mélanger les légumes et le jambon et en recouvrir les fonds de tartes cuits. Verser le mélange d'œufs par-dessus. Ajouter le fromage râpé.

Cuire au four de 45 minutes à 1 heure, ou jusqu'à ce que la pointe d'un couteau enfoncé au centre de la quiche en ressorte propre. Servir avec une salade verte.

SANDWICH AU JAMBON FUMÉ, BEURRE ET CORNICHONS

Suggestion d'Audrey

Ingrédients

1 baguette (de préférence artisanale)
8 tranches de jambon fumé
16 cornichons (sucrés ou salés, au goût)
30 ml (2 c. à soupe) de ciboulette fraîche
60 ml (4 c. à soupe) de beurre, à la température de la pièce
Fleur de sel et poivre du moulin, au goût

Hacher grossièrement les cornichons et la ciboulette. Mélanger au beurre. Saler et poivrer.

Trancher la baguette en quatre morceaux égaux. Trancher ensuite chaque morceau en deux, sur la longueur. Tartiner avec le beurre aux cornichons et à la ciboulette. Déposer le jambon sur la tranche inférieure de la baguette, refermer avec l'autre tranche. Servir immédiatement.

Pour des sensations fortes, ajouter de la moutarde de Dijon.

JAMBON À L'ANANAS

Suggestion d'Alexandre

Ingrédients

4 tranches épaisses de jambon fumé

1 petit oignon, haché finement

20 ml (4 c. à thé) de beurre

250 ml (1 tasse) d'ananas frais, en dés

75 ml (5 c. à soupe) de sirop d'érable

Le jus et le zeste de 1 orange

1 anis étoilé

Poivre, au goût

Dans un fait-tout, faire suer les oignons dans le beurre pendant 1 minute. Ajouter les ananas, le jus d'orange et le sirop d'érable. Amener à ébullition et laisser réduire 5 minutes. Ajouter le jambon, poivrer et cuire pendant 2 minutes.

Servir avec une salade verte.

OMELETTE AU JAMBON ET POIREAUX

Suggestion de Jean-François

Ingrédients

Les restes du jambon, coupés en petits dés

8 œufs

125 ml (½ tasse) de lait 3,25 %

1 blanc de poireau, émincé

1 tasse de fromage cheddar fort, râpé

Sel et poivre, au goût

Dans une poêle, faire chauffer un peu d'huile d'olive à feu moyen-doux. Y faire suer les poireaux jusqu'à tendreté. Augmenter le feu, ajouter le jambon et faire griller légèrement.

Dans un grand bol, battre les œufs avec le lait. Verser les œufs sur les poireaux et le jambon et cuire à feu moyen de 6 à 8 minutes, ou jusqu'à ce que les oeufs soient presque pris. Ajouter le fromage et faire fondre, puis plier l'omelette en deux afin de garder le fromage bien chaud.

Diviser l'omelette en 4 portions et servir avec des rôties de pain miche bien épaisses et beurrées.

AUDREY DUFRESNE

LES TROIS PETITS BOUCHONS

Il n'est pas toujours facile pour les jeunes de se faire respecter de ceux qui ont des années d'expérience derrière le tablier. C'est encore plus difficile pour une femme, comme en témoigne Audrey Dufresne: « C'est un métier d'hommes [...] Si tu es une fille prude, un peu trop réservée, tu ne feras pas ta place dans une cuisine. » Pourtant, cette profession ultra-exigeante ne rebutera pas Audrey pour autant, qui devient chef à l'âge de 25 ans.

Dès ses débuts, elle se démarque par sa fougue et la saveur originale des plats qu'elle crées avec passion, tout en privilégiant une certaine simplicité qui met les produits en valeur, au lieu de masquer leurs qualités.

Elle a fait ses classes auprès de ces grandes dames chefs que sont Rasha Bassoul (*Bazaar*) et Helena Loureiro (*PortusCalle*) et dirige maintenant les destinées de *Les Trois petits bouchons*. Dans ce charmant bistro montréalais de la rue Saint-Denis, on accorde une importance primordiale aux accords des vins avec une cuisine très goûteuse, à base de produits locaux et saisonniers. Le critique gastronomique Jean-Philippe Tastet dit d'elle qu'elle est « un bouchon de Champagne aux fourneaux », de sa cuisine qu'elle est « magnifique », de son avenir qu'il est reluisant, « tant son présent est remarquable. »

Audrey contribue activement au succès de *La Tablée des Chefs*, donnant bénévolement des ateliers culinaires pour financer diverses activités de bienfaisance. On ne s'étonnera donc pas qu'elle ait accepté avec enthousiasme de se joindre à notre projet de livre, dans lequel elle s'est amusée à personnifier une maman de deux enfants, qui doit gérer un budget culinaire serré, tout en régalant sa petite famille. Sa cuisine est précise, débordante de goût et facile à réussir. Bon appétit !

LA LISTE D'AUD

Épicerie

1 boîte de 400 ml (14 oz)
   de lait de coco
1 boîte (19 oz) de tomates en dés
Cubes de bouillon de bœuf
125 ml (1/2 tasse) d'amandes
1,5 litre (6 tasses)
   de bouillon de bœuf
3,5 litres (14 tasses)
   de bouillon de volaille
454 g (1 lb) de gnocchis
400 g (14 oz)
   de lentilles vertes du Puy
250 ml (1 tasse) de quinoa
500 ml (2 tasses)
   de sauce tomate
Pains pitas
Pâtes de raviolis chinois

Viandes et poissons

1 kg (2,2 lb) d'agneau haché
100 g (3,5 oz) de flan de porc
1,2 kg (2,5 lb) de moules
1,5 kg (3 lb) de queue de bœuf
1 grosse saucisse de porc
1 jarret de porc
1 rôti de porc de 1 kg (2,2 lb)
1 saumon entier de 2 kg (4,5 lb)
8 tranches de bacon (facultatif)

Produits laitiers

125 ml (1/2 tasse) de crème 15 %
200 g (7 oz) de fromage
   à la crème
100 ml (7 c. à soupe)
   de fromage mozzarella
125 ml (1/2 tasse) de fromage
   parmesan ou pecorino
3 œufs
8 tranches de fromage provolone

Fruits et légumes

3 bottes de coriandre
1 botte de persil plat
branches de thym
3 bulbes d'ail, ciboulette
2 citrons,
250 g (½ lb)
   de champignons de Paris
10 échalotes sèches
8 échalotes vertes
Feuilles de basilic
Feuilles de menthe
1 laitue Iceberg
1 lime
12 oignons
1 orange
4 panais
1 poireau
4 pommes à cuire
4 pommes de terre à chair jaune
1 pomme Granny Smith
2 tiges de gingembre
4 tomates

À conserver dans le garde-manger ou dans le réfrigérateur

Baies de genièvre
Cannelle
Chapelure de pain
Clous de girofle
Cumin
Farine
Fécule de maïs
Feuilles de laurier
Huile d'olive
Huile végétale
Miel
Paprika
Pâte de tomate
Piments forts broyés
Poudre de cari,
Poudre de chili
Riz à risotto,
Romarin séché
Thym séché
Vin blanc

RISOTTO
AUX TOMATES ET BASILIC

Ingrédients

500 ml (2 tasses) de riz à risotto (arborio ou carnaroli)

1 oignon, finement haché

45 ml (3 c. à soupe) de vin blanc sec (facultatif)

60 ml (4 c. à soupe) de pâte de tomate ou 200 ml (¾ tasse) de sauce tomate

1 gousse d'ail hachée

125 ml (½ tasse) de feuilles de basilic frais

15 ml (1 c. à soupe) de miel

2 litres (8 tasses) de bouillon de volaille ou de légumes

Sel et poivre, au goût

75 ml (5 c. à soupe) de beurre, à la température de la pièce

Dans une casserole, amener le bouillon de volaille à ébullition. Entre-temps, dans une autre casserole, faire suer l'oignon dans un peu d'huile d'olive ou de beurre jusqu'à transparence. Ajouter le riz et bien l'enrober du gras de cuisson. Saler et poivrer.

Verser deux louches de bouillon chaud dans le mélange de riz et cuire en remuant souvent, jusqu'à ce que le bouillon soit presque complètement absorbé. Répéter cette opération jusqu'à ce que le riz soit cuit, mais encore légèrement croquant sous la dent (al dente).

Juste avant de servir, ajouter une dernière louche de bouillon, l'ail haché, la pâte de tomate et le miel. Remuer pour bien mêler. Ajouter le beurre et le parmesan (ou le pecorino), en remuant. C'est ce qui donnera son onctuosité au risotto. Rectifier l'assaisonnement et garnir de feuilles de basilic frais.

Ce risotto peut être agrémenté de moules ou de palourdes, si désiré.

ARANCINI (BOULETTES FRITES)
AUX TOMATES ET À LA MOZZARELLA
Dîner

CRÈME DE TOMATES
AU BASILIC
Suggestion d'Alexandre

Ingrédients

325 ml (1 ⅓ tasse) environ, de restes de risotto aux tomates

100 ml (7 c. à soupe) de fromage mozzarella

2 œufs

Farine tout-usage pour enrober les boulettes

Chapelure de pain ou *panko* (chapelure japonaise)
pour enrober les boulettes

Huile pour frire

Couper le fromage mozzarella en petits dés. Avec les mains légèrement humides, façonner de petites boules de la grosseur d'une balle de golf avec le risotto. Faire une cavité dans chacune, y placer un dé de mozzarella et refermer.

Tremper les arancini dans la farine, puis dans les œufs battus et terminer par la chapelure (ou le *panko*). Faire frire dans l'huile bien chaude jusqu'à ce qu'elles soient parfaitement dorées. Égoutter sur du papier absorbant et servir immédiatement.

Ingrédients

750 ml (3 tasses) de tomates fraîches, en dés

1 oignon, haché finement

2 gousses d'ail, hachées finement

2 branches de céleri, émincées

750 ml (3 tasses) de bouillon de volaille

75 ml (5 c. à soupe) de pâte de tomate

250 ml (1 tasse) de crème 35 %

60 ml (4 c. à soupe) de basilic frais, haché

Sel, poivre, sucre, au goût

30 ml (2 c. à soupe) d'huile d'olive

Dans un faitout, faire suer dans l'huile d'olive les oignons, les gousses d'ail et les branches de céleri pendant 2 minutes. Ajouter les tomates, la pâte de tomate et le bouillon de volaille. Assaisonner au goût.

Augmenter le feu et amener à ébullition, puis baisser de nouveau le feu et laisser cuire, à découvert, pendant 30 minutes. Passer au mélangeur avec la crème 35 % et le basilic. Rectifier l'assaisonnement et servir.

Variante : pour un repas complet, servir avec des croûtons tartinés de fromage de chèvre et gratinés au four quelques minutes.

TOMATES ET BOCCONCINIS AU BASILIC
Suggestion de Jean-François

Ingrédients

3 grosses tomates, en fines tranches

12 petits fromages bocconcinis (ou 2 gros)

12 olives kalamata dénoyautées, hachées finement

Quelques feuilles de basilic frais

100 ml (7 c. à soupe) d'huile d'olive

10 ml (2 c. à thé) de vinaigre balsamique

Sel et poivre, au goût

Trancher les tomates en tranches fines. Déposer les tomates sur une assiette de service.

Hacher les bocconcinis grossièrement afin d'obtenir un texture similaire au fromage en grains, puis répartir uniformément sur les tomates.

Dans une poêle, faire chauffer un peu d'huile d'olive et y faire revenir les olives à feu vif. Retirer de la poêle et en parsemer les tomates et les bocconcinis. Compléter en versant un filet d'huile d'olive et le vinaigre balsamique. Saler et poivrer au goût, garnir de basilic frais et servir.

SALADE DE TOMATES AU BASILIC
Suggestion de François

Ingrédients

4 à 6 tomates, selon la grosseur

1 petit oignon rouge, haché finement

8 feuilles de basilic frais, hachées

100 ml (7 c. à soupe) d'huile d'olive

30 ml (2 c. à soupe) de vinaigre balsamique

Sel et poivre, au goût

60 ml (4 c. à soupe) de fromage Parmesan (facultatif)

Couper les tomates en quartiers de grosseur moyenne. Ajouter l'oignon rouge et les feuilles de basilic haché. Saler et poivrer au goût, puis terminer avec l'huile d'olive et le vinaigre balsamique.

Pour une salade plus nutritive, ajouter 60 ml (4 c. à soupe) de fromage parmesan râpé ou en copeaux et servir avec un pain croûté bien frais.

BOULETTES D'AGNEAU
D'INSPIRATION MAROCAINE

Dans un bol, mélanger l'agneau, l'oignon, le poivre de Cayenne, les épices et la moitié des feuilles de coriandre. Ajouter l'œuf. Saler, poivrer et bien mélanger. Former des boulettes de la grosseur d'une noisette.

Au mélangeur, réduire tous ingrédients de la pâte d'épices en purée en ajoutant un mince filet d'huile d'olive. Réserver.

Dans une poêle, dorer les boulettes à feu moyen-vif. Ajouter la pâte d'épices, les tomates en dés, le bouillon de volaille et la cannelle. Porter à ébullition et cuire 15 minutes, à découvert. Baisser le feu et mijoter 20 minutes de plus. Garnir de feuilles de coriandre et servir.

Ingrédients

1 kg (2,2 lb) d'agneau haché

1 oignon, haché finement

5 ml (1 c. à thé) de poivre de Cayenne

15 ml (1 c. à soupe) de cumin moulu

1 pincée de clou de girofle moulu

½ botte de coriandre fraîche, effeuillée

Huile d'olive pour cuire les boulettes

450 ml (1 ⅔ tasse) de tomates en dés

500 ml (2 tasses) de bouillon de volaille

1 bâton de cannelle

Sel et poivre, au goût

1 œuf

Pâte d'épices

1 oignon, haché finement

2 têtes d'ail, hachées finement

1 pincée de clou de girofle moulu

15 ml (1 c. à soupe) de cumin moulu

30 ml (2 c. à soupe) de paprika

½ botte de coriandre fraîche, effeuillée

2 pincées de poudre chili

Huile d'olive pour émulsionner

125 ml (½ tasse) de gingembre frais, haché

SOUS-MARINS
AUX BOULETTES
Dîner

Ingrédients

4 pains de type sous-marin	Le reste des boulettes de la veille
225 g (1/2 lb) de champignons de Paris ou café, émincés	500 ml (2 tasses) de laitue Iceberg ou de mini roquette
Huile d'olive pour rôtir les champignons	500 ml (2 tasses) de sauce tomate
8 tranches de fromage provolone piquant, de préférence	Sel et poivre, au goût

Préchauffer le four à gril (broil).

Dans une poêle, faire dorer les champignons à feu moyen-vif. Saler et poivrer, au goût. Ajouter les boulettes et la sauce tomate. Laisser mijoter quelques minutes.

Entre-temps, trancher les pains sur la longueur et garnir de fromage. Faire gratiner au four. Ajouter la laitue et garnir avec les boulettes en sauce. Refermer les sous-marins et servir immédiatement.

PÂTES À LA CRÈME
ET AUX BOULETTES MAROCAINES
Suggestion d'Alexandre

Ingrédients

625 ml (2 ½ tasses) de pâtes alimentaires, cuites et égouttées	5 ml (1 c. à thé) de *raz el hanout* (mélange d'épices marocaines)
1 oignon, haché finement	250 ml (1 tasse) de crème 35 %
1 gousse d'ail, hachée finement	20 ml (4 c. à thé) d'huile d'olive
Sel, poivre, ciboulette fraîche, au goût	Restes de boulettes marocaines (12 à 16 boulettes)

Dans une casserole, faire suer dans l'huile d'olive l'oignon et l'ail pendant 2 minutes. Ajouter la crème, le sel, le poivre et les épices marocaines. Augmenter le feu et amener à ébullition. Cuire 1 minute.

Saler et poivrer, au goût. Ajoutez les boulettes et les pâtes en brassant bien. Cuire une minute de plus, pour bien réchauffer. Servir et garnir avec la ciboulette fraîche ciselée.

POUTINE À LA MAROCAINE

Suggestion de Jean-François

Ingrédients

Les restes des boulettes d'agneau

5 grosses pommes de terre Yukon Gold

250 ml (1 tasse) de tomates concassées, avec leur jus

60 ml (4 c. à soupe) d'huile d'arachides

1 gousse d'ail, hachée finement

Quelques branches de coriandre fraîche, hachée

1 tasse de fromage mozzarella, râpé

200 ml (¾ tasse) d'huile d'olive

Préchauffer le four à 200 °C (400 °F).

Couper les pommes de terre en forme de frites. Déposer les frites dans un grand bol et verser 125 ml (½ tasse) d'huile d'olive et l'huile d'arachides. Bien mélanger. Recouvrir deux plaques à cuisson de papier parchemin et y répartir les pommes de terre enduites d'huile. Cuire de 15 à 20 minutes. Dans une poêle, chauffer l'huile d'olive et y cuire les tomates à feu moyen 2 ou 3 minutes. Ajouter l'ail et les boulettes d'agneau et poursuivre la cuisson une dizaine de minutes. Rectifier l'assaisonnement et réserver. Retirer les frites du four et les répartir dans 4 plats individuels. Garnir de fromage mozzarella râpé, puis verser la sauce, avec les boulettes. Saler et poivrer au goût et garnir de coriandre fraîche hachée. Servir immédiatement

SPAGHETTIS « MEAT BALLS » À LA MAROCAINE

Suggestion de François

Ingrédients

240 g (8 oz) de spaghettis

125 ml (½ tasse) d'eau de cuisson des pâtes

4 portions de restes de boulettes d'agneau avec la sauce

60 ml (4 c. à soupe) de noix de pin rôties

60 ml (4 c. à soupe) de raisins secs Thompson ou dorés

60 ml (4 c. à soupe) de coriandre fraîche, hachée

30 ml (2 c. à soupe) de menthe fraîche, hachée

Sel et poivre, au goût

Cuire les pâtes dans une grande casserole d'eau salée, selon les instructions du paquet, en réservant 125 ml (½ tasse) d'eau de cuisson.

Entre-temps, dans un faitout, faire chauffer le reste des boulettes à la marocaine avec leur sauce. Ajouter les spaghettis cuits, l'eau de cuisson des pâtes, les raisins secs et les noix de pin rôties.

Mélanger délicatement et répartir dans quatre assiettes creuses chaudes. Garnir avec la coriandre et la menthe fraîche. Servir immédiatement.

RÔTI DE PORC AUX POMMES
ET LÉGUMES RACINES

Ingrédients

1 rôti de porc de 1 kg (2,2 lb), ou plus

4 pommes à cuire

4 oignons

6 gousses d'ail en chemise (non épluchées)

4 pommes de terre à chair jaune

90 ml (6 c. à soupe) de miel, divisé

90 ml (6 c. à soupe) de beurre froid, en dés

5 ml (1 c. à thé) de thym séché
(ou plus, au goût)

5 ml (1 c. à thé) de romarin séché
(ou plus, au goût)

250 ml (1 tasse) d'eau ou de vin blanc sec

Sel et poivre, au goût

Préchauffer le four à 165 °C (325 °F).

Badigeonner le rôti avec 60 ml (4 c. à soupe) de miel. Saler, poivrer et assaisonner de thym et de romarin. Déposer dans un grand plat allant au four et parsemer de beurre.

Cuire au four, à découvert, une vingtaine de minutes. Retirer la viande du four et l'arroser avec le beurre. Ajouter les oignons, les pommes de terre et l'ail en chemise et remuer légèrement. Cuire 25 minutes, en arrosant 1 fois.

Entre-temps, dans une poêle, cuire les pommes dans le reste du miel à feu doux une dizaine de minutes. Ajouter au rôti, avec l'eau (ou le vin blanc sec) et cuire 20 minutes de plus.

Retirer le rôti du four, le couvrir de papier d'aluminium et laisser reposer 15 minutes. Passer la sauce au tamis et réserver au chaud. Servir, accompagné de pommes, d'oignons, de pommes de terre et nappé de sauce, au goût.

SANDWICHS PITAS AU PORC,
POMMES ET CARI

Dîner

Ingrédients

4 pains pitas, coupés en deux	
8 tranches de bacon (facultatif)	
250 ml (1 tasse), de restes de rôti de porc, en lanières	
1 pomme Granny Smith	
10 ml (2 c. à thé) de jus de citron	
2 branches de céleri, hachées finement	
60 ml (4 c. à soupe) de coriandre fraîche, hachée finement	
Sel et poivre, au goût	

Mayonnaise :

1 jaune d'œuf

15 ml (1 c. à soupe) de moutarde de Dijon

5 ml (1 c. à thé) de jus de citron

15 ml (1 c. à soupe) de miel

15 ml (1 c. à soupe) de poudre de cari

200 ml (¾ tasse) d'huile (canola, tournesol)

Sel et poivre, au goût

Faire griller le bacon, l'égoutter et l'émietter. Réserver.

Couper la pomme en julienne et la mettre dans un bol, avec le jus de citron. Hacher le céleri et la coriandre et les ajouter au rôti de porc. Terminer avec les pommes égouttées. Saler et poivrer, au goût. Réserver.

Mélanger tous les ingrédients de la mayonnaise au mélangeur, sauf l'huile d'olive. Ajouter ensuite l'huile en un mince filet continu, jusqu'à parfaite émulsion. Saler et poivrer, au goût. Verser la mayonnaise dans le mélange de porc, avec les miettes de bacon, et remuer. Servir dans les demi-pitas.

SAUTÉ DE PORC
ET FÈVES DE SOYA

Suggestion d'Alexandre

Ingrédients

375 ml (1 ½ tasse) environ, de restes de rôti de porc cuit	125 ml (½ tasse) de champignons de Paris coupés en quatre
20 ml (4 c. à thé) d'huile d'olive	250 ml (1 tasse) de fèves de soya
4 ciboules (échalotes vertes), hachées	30 ml (2 c. à soupe) de sauce soya
30 ml (2 c. à soupe) de sauce hoisin	125 ml (½ tasse) de pois mange-tout
1 gousse d'ail, hachée finement	45 ml (3 c. à soupe) de bouillon de volaille ou d'eau

Dans une poêle, chauffer l'huile d'olive à feu moyen-vif. Faire sauter les champignons, les pois mange-tout et l'ail pendant 1 minute.

Ajouter les fèves soya et le bouillon. Cuire 2 minutes. Ajouter les morceaux de rôti de porc, les ciboules (échalotes vertes), la sauce soya et la sauce hoisin. Bien mélanger pour réchauffer la préparation. Poivrer et servir immédiatement.

SAUTÉ DE PORC
AUX LÉGUMES
SUR LIT DE RIZ
Suggestion de Jean-François

Ingrédients

Les restes du rôti de porc
aux pommes

250 ml (1 tasse) de riz brun,
à grains longs

100 ml (7 c. à soupe)
d'huile d'olive

2 petites courgettes, en julienne

4 champignons de Paris, émincés

1 oignon espagnol,
haché finement

10 ml (2 c. à thé)
de vinaigre de cidre

75 ml (5 c. à soupe) de pacanes,
finement hachées

Sel et poivre, au goût

Couper les restes du rôti de porc en fines lanières et réserver. Cuire le riz selon les instructions de l'emballage. Égoutter et réserver, au chaud.

Dans une grande poêle, chauffer l'huile d'olive à feu moyen-vif et y faire sauter les oignons, les courgettes et les champignons 5 minutes environ. Ajouter les lanières de porc et laisser brunir légèrement.

Ajouter le vinaigre de cidre et les pacanes, puis rectifier l'assaisonnement. Répartir le riz dans 4 bols et recouvrir avec la préparation au porc et aux légumes. Servir immédiatement

RIZ FRIT AU PORC
ET CARI
Suggestion de François

Ingrédients

250 ml (1 tasse)
de riz à grains longs

1 poivron rouge, haché finement

1 branche de céleri,
hachée finement

1 petit oignon, haché finement

100 ml (7 c. à soupe) d'huile
végétale (canola ou tournesol)

10 ml (2 c. à thé) de cari

300 g (10,5 oz) environ, de restes
de rôti de porc, en lanières

Sel et poivre du moulin, au goût

Cuire le riz la veille ou le matin même, selon les instructions du paquet. Égoutter et conserver au frigo jusqu'au moment de préparer la recette.

Dans une poêle antiadhésive, chauffer l'huile à feu moyen-vif. Faire sauter les légumes 5 minutes environ, en remuant souvent. Lorsqu'ils commencent à dorer, ajouter le riz et continuer la cuisson en brassant constamment. Ajouter le porc et le cari, réchauffer, puis rectifier l'assaisonnement et servir.

QUEUE DE BŒUF BRAISÉE
AUX PANAIS ET AUX CAROTTES

Ingrédients

1,5 kg (3 lb) de
queue de bœuf

45 ml (3 c. à soupe)
d'huile d'olive

1 oignon,
finement haché

6 échalotes sèches
pelées, entières

500 ml (2 tasses)
de vin rouge sec

750 ml (3 tasses)
de panais,
en morceaux
de 2,5 cm (1 po)

5 ml (1 c. à thé)
de thym

60 ml (4 c. à soupe)
de persil

45 ml (3 c. à soupe)
de farine

Assez d'eau pour
recouvrir la viande

1 cube de bouillon
de bœuf

Sel et poivre,
au goût

750 ml (3 tasses)
de carottes,
en morceaux
de 2,5 cm (1 po)

1 feuille
de laurier

Saler et poivrer la queue de bœuf. Dans une cocotte, faire dorer la queue de bœuf dans l'huile chaude à feu vif. Ajouter oignons, échalotes, thym, laurier et persil et saupoudrer de farine (singer) en remuant. Déglacer avec le vin rouge et réduire quelques minutes.

Mouiller avec suffisamment d'eau pour recouvrir la viande. Ajouter le bouillon et ramener à ébullition à feu vif. Réduire le feu, couvrir et laisser mijoter 30 minutes.

Ajouter les carottes et les panais à la queue de bœuf et laisser mijoter à couvert au moins 1 heure 15 minutes avant de servir.

RAVIOLIS
DE QUEUE DE BŒUF FACILES
Dîner

TERRINE DE QUEUE
DE BŒUF
Suggestion d'Alexandre

Ingrédients

Restes de queue de bœuf aux légumes, hachés	4 à 8 ciboules (échalotes vertes), au goût
Pâtes de raviolis chinois (won ton)	60 ml (4 c. à soupe) de ciboulette
Eau	30 ml (2 c. à soupe) de beurre
Fécule de maïs	30 ml (2 c. à soupe) de gingembre haché finement
Bouillon de poulet, pour recouvrir les raviolis	Huile (canola ou tournesol)

Mélanger la queue de bœuf, les légumes, le gingembre et juste assez de sauce pour humidifier le mélange.

Mélanger la fécule avec de l'eau pour obtenir une pâte de la texture d'une colle. En badigeonner les contours de deux pâtes à won ton. Déposer une cuillère de farce au centre d'une des deux pâtes. Recouvrir de l'autre won ton et presser fermement pour sceller les raviolis. Répéter l'opération jusqu'à ce qu'il n'y ait plus de viande.

Dans un poêlon, faire dorer les raviolis dans l'huile. Dans une casserole, chauffer le bouillon de poulet et y cuire les raviolis de 3 à 5 minutes à feu moyen-doux. Les déposer dans des bols individuels et ajouter le beurre au bouillon (monter au beurre) en fouettant afin de lui donner de la texture. Terminer avec la ciboulette et l'oignon vert. Rectifier l'assaisonnement et verser sur les raviolis. Déguster comme une soupe.

Ingrédients

375 ml (1 ½ tasse) de restes de queue de bœuf	250 ml (1 tasse) de jus de cuisson réduit
6 ciboules (échalotes vertes), hachées	4 feuilles (ou 4 sachets) de gélatine neutre
125 ml (½ tasse) d'eau froide	Sel et poivre, au goût

Mettre les feuilles de gélatine dans l'eau froide pendant 5 minutes pour les faire ramollir. Pour la gélatine en sachet, saupoudrer sur l'eau froide et laisser gonfler 5 minutes.

Dans une petite marmite d'eau bouillante salée, cuire les ciboules (échalotes vertes) 1 minute. Les plonger ensuite dans un bain d'eau glacée pour arrêter la cuisson et fixer la couleur, puis les égoutter et les assécher parfaitement sur des essuie-tout. Réserver.

Saler et poivrer la viande et la disposer dans une terrine en alternant avec les ciboules (échalotes vertes). Dans une petite casserole, faire chauffer le jus de cuisson jusqu'au point d'ébullition. Ajouter la gélatine gonflée et remuer constamment jusqu'à dissolution complète.

Verser cette préparation sur la viande et laisser prendre au réfrigérateur 24 heures. Découper en tranches et déguster avec du pain croûté et une salade verte.

SOUPE-REPAS
BŒUF ET ORGE
Suggestion de Jean-François

HACHIS DE BŒUF,
PURÉE DE POMMES DE TERRE AUX LÉGUMES
Suggestion de François

Ingrédients

Les restes de queue de bœuf, hachés finement	1 branche de céleri, hachée finement
Les restes de légumes racines, hachés finement	200 ml (¾ tasse) d'orge perlé, rincé et égoutté
2 grosses carottes, hachées finement	1,5 litre (6 tasses) de bouillon de bœuf
60 ml (4 c. à soupe) d'huile d'olive	1 gousse d'ail, hachée finement
1 petit oignon, haché finement	Sel et poivre, au goût

Dans un faitout, chauffer l'huile à feu moyen. Ajouter l'oignon, la carotte et le céleri hachés et cuire une dizaine de minutes.

Ajouter l'orge perlé et bien remuer pour l'enduire d'huile. Ajouter l'ail, puis mouiller avec le bouillon de bœuf. Augmenter le feu et amener à ébullition, puis réduire la température et laisser mijoter une vingtaine de minutes.

Ajouter la queue de bœuf et les restes de légumes hachés et poursuivre la cuisson 20 minutes supplémentaires, ou jusqu'à ce que l'orge soit bien cuit. Rectifier l'assaisonnement et servir.

Ingrédients

2 grosses pommes de terre à chair jaune, pelées	Restes de légumes racines, hachés
400 g (14 oz) environ, de restes de queue de bœuf	30 ml (2 c. à soupe) de lait
30 ml (2 c. à soupe) de beurre	Sel et poivre, au goût

Préchauffer le four à 180 °C (350 °F).

Cuire les pommes de terre dans de l'eau bouillante salée jusqu'à parfaite tendreté. Réduire en purée à l'aide d'un presse-purée ou d'un pilon. Ajouter le beurre et le lait. Assaisonner au goût. Réserver.

Passer les restes de légumes racines au presse-purée ou les écraser grossièrement au pilon. Les ajouter à la purée de pommes de terre. Ajuster l'assaisonnement et réserver.

Bien effilocher les restes de viande. Les disposer au fond d'un plat allant au four. Ajouter un peu de jus de cuisson de la queue de bœuf braisée, s'il en reste. Étaler ensuite la purée de pommes de terre et de légumes.

Cuire au four de 30 à 45 minutes, ou jusqu'à ce que la purée commence à dorer.

SAUMON AU FOUR
ET SAUCE VIERGE

Ingrédients

1 saumon entier
d'environ 2 kg (4,5 lb),
évidé et écaillé

30 ml (2 c. à soupe)
d'huile d'olive

2 branches de thym

1 citron, coupé
en rondelles

1 orange, coupée
en rondelles

1 oignon, haché
finement

Fleur de sel, au goût

Paprika, au goût

Sauce vierge*

2 tomates bien
mûres, épépinées
et hachées

2 échalotes sèches,
hachées finement

5 ml (1 c. à thé) de
chacun : cerfeuil,
ciboulette, basilic,
hachés

Le jus de 1 citron

Le jus de 1 orange

100 ml (7 c. à soupe)
d'huile d'olive
de bonne qualité

Sel et poivre,
au goût

* Peut être
   préparée la veille

Préparation poisson

Préchauffer le four ou le barbecue à 180 °C (350 °F).

Déposer le saumon entier sur un grand papier d'aluminium et le badigeonner d'huile d'olive. Saupoudrer la cavité et les pourtours de sel et de paprika. Farcir le saumon avec les rondelles d'orange et de citron, l'oignon haché et le thym. Replier le papier d'aluminium de façon à obtenir une papillote hermétique.

Cuire au four (ou au barbecue) pendant 1 heure 15 minutes environ, jusqu'à ce que la température interne du saumon indique 52 °C (125 °F) à 54 °C (130 °F), ou jusqu'à ce que la chair du poisson se détache facilement de l'arête centrale. Ne pas trop cuire.

Préparation sauce vierge

Mettre les tomates, les échalotes, la ciboulette, le cerfeuil et le basilic dans un bol. Saler et poivrer, au goût. Ajouter le jus de citron, le jus d'orange et l'huile d'olive. Mélanger délicatement. Laisser macérer à la température de la pièce au moins une heure.

Pour servir, sortir le poisson de la papillote. Le séparer en deux et retirer les arêtes. Déposer dans un grand plat de service, saupoudrer de fleur de sel, puis napper de sauce vierge. Servir immédiatement, accompagné de riz et de légumes.

On peut aussi servir la sauce vierge sur assiette plutôt que sur le poisson et remplacer le saumon par de la truite arc-en-ciel en ajustant le temps de cuisson en conséquence.

GNOCCHIS AU SAUMON
ET POIREAU
Dîner

Ingrédients

454 g (1 lb) de gnocchis (pâtes à la pomme de terre)

30 ml (2 c. à soupe) de pâte de tomate

20 ml (4 c. à thé) de beurre

1 blanc de poireau, émincé

7,5 ml (½ c. à soupe) de piments forts, broyés

60 ml (4 c. à soupe) de persil ou de coriandre, hachés

Les restes du saumon, défaits en morceaux

Le zeste de 1 citron

Sel et poivre, au goût

200 g (7 oz) de fromage à la crème

Préchauffer le four à 180 °C (350 °F).

Cuire les gnocchis dans 4 litres (16 tasses) d'eau bouillante salée. Réserver 250 ml (1 tasse) de l'eau de cuisson des pâtes pour la sauce. Égoutter les gnocchis et réserver.

Entre-temps, faire suer le blanc de poireau dans le beurre. Ajouter la pâte de tomate, les piments broyés, le fromage à la crème, le zeste de citron et 250 ml (1 tasse) d'eau de cuisson des pâtes. Saler et poivrer et cuire quelques minutes pour lier la sauce.

Ajouter la moitié du persil ou de la coriandre, les gnocchis et le saumon à la sauce. Verser dans un plat à gratin légèrement huilé et cuire 20 à 25 minutes, ou jusqu'à ce que le dessus commence à dorer. Garnir de persil (ou de coriandre) et servir.

SALADE DE SAUMON
ET POMMES DE TERRE
Suggestion d'Alexandre

Ingrédients

200 ml (7 oz) de saumon cuit

500 ml (2 tasses) de pommes de terre, cuites et en dés

4 œufs cuits durs écalés, coupés en 4 quartiers chacun

4 ciboules (échalotes vertes), hachées

75 ml (5 c. à soupe) de crème sure

Persil frais ou aneth frais, pour garnir

75 ml (5 c. à soupe) de mayonnaise

Sel et poivre, au goût

Mettre tous les ingrédients de la salade dans un bol, sauf les œufs cuits durs et mélanger délicatement pour bien mêler. Rectifier l'assaisonnement.

Répartir dans quatre assiettes de service et garnir chacune avec 4 quartiers d'oeufs durs et quelques brins de persil frais ou d'aneth pour garnir. Servir immédiatement.

BAGELS AU SAUMON
ET FROMAGE À LA CRÈME

Suggestion de Jean-François

Ingrédients

- 375 ml (1,5 tasse) environ, de restes du saumon cuit
- 45 ml (3 c. à soupe) d'huile d'olive, divisée
- 125 ml (½ tasse) de fromage à la crème
- 4 bagels, tranchés
- Le jus de 1 citron
- 45 ml (3 c. à soupe) de ciboulette fraîche, hachée
- 45 ml (3 c. à soupe) de câpres rincées et égouttées
- 1 échalote sèche, en fines rondelles
- Sel et poivre, au goût

Dans un bol, effilocher les morceaux de saumon. Ajouter 30 ml (2 c. à soupe) d'huile d'olive et les câpres et mélanger délicatement. Poivrer légèrement et réserver au froid.

Dans un petit bol, mélanger le fromage à la crème et la ciboulette hachée. Réserver.

Griller légèrement les 8 moitiés de bagels. Les tartiner avec la préparation de fromage à la crème à la ciboulette. Étaler ensuite la préparation de saumon, garnir de fines tranches d'échalote et arroser de jus de citron. Terminer avec un filet d'huile d'olive et servir immédiatement.

WRAPS AU SAUMON
ET À LA LAITUE

Suggestion de François

Ingrédients

- 4 pains pitas aux fines herbes (facultatif)
- 60 ml (4 c. à soupe) de mayonnaise
- 1 pomme de laitue Iceberg
- 400 g (14 oz) environ, de restes de saumon
- Sel et poivre, au goût

Effilocher le saumon et le mélanger avec la mayonnaise, puis rectifier l'assaisonnement. Émincer finement la laitue. Garnir le pita de saumon et d'une bonne quantité de laitue. Servir.

PETIT SALÉ
AUX LENTILLES VERTES

Ingrédients

1 saucisse
de Morteau
(ou 1 grosse
saucisse de porc
fumé), en rondelles

1 jarret de porc

1 litre (4 tasses) de
bouillon de volaille

100 g (3,5 oz) de
flanc de porc, fumé

400 g (14 oz)
de lentilles vertes
du Puy

12 baies de genièvre

2 branches de thym,
divisées

1 feuille de laurier

1 oignon piqué de
2 clous de girofle

4 carottes,
en rondelles

2 oignons, hachés
grossièrement

375 ml (1 ½ tasse)
de vin blanc sec,
divisé

Sel et poivre,
au goût

Huile d'olive

Préparation du jarret de porc braisé

Dans un faitout, déposer le jarret de porc. Verser le bouillon de poulet et 125 ml (½ tasse) de vin blanc. Ajouter 1 branche de thym et l'oignon piqué de clous de girofle. Amener à ébullition, couvrir, baisser le feu et mijoter 2 heures, ou jusqu'à ce que le jarret se défasse à la fourchette.

Retirer le jarret du bouillon, refroidir et effilocher à la fourchette. Passer le bouillon de braisage au tamis fin. Idéalement, cette opération devrait être faite la veille, pour dégraisser le bouillon.

Préparation du petit salé

Dans une grande cocotte, faire suer les oignons, les carottes, le flanc de porc, le thym et les baies de genièvre de 5 à 6 minutes. Augmenter le feu, et déglacer avec le reste du vin blanc, puis laisser réduire de moitié.

Ajouter les lentilles et recouvrir du jus de braisage du jarret de porc, préalablement dégraissé. Ramener à ébullition. Ajouter les rondelles de saucisse et le jarret de porc effiloché. Baisser le feu et mijoter à découvert une trentaine de minutes. Rectifier l'assaisonnement et servir.

CRÈME DE LENTILLES
RÉCONFORTANTE

Dîner

Ingrédients

500 ml (2 tasses) environ, de restes du petit salé

30 ml (2 c. à soupe) de feuilles de persil plat (italien)

125 ml (½ tasse) de crème 15 %

15 ml (1 c. à soupe) de cumin moulu

Bouillon de volaille (juste assez pour couvrir les lentilles)

Retirer les morceaux de viande restants du petit salé. Dans une casserole, faire chauffer à feu doux et à découvert les lentilles avec la crème, le cumin et le bouillon de volaille. Cuire de 30 à 40 minutes, puis passer au mélangeur jusqu'à consistance lisse.

Remettre la crème de lentilles dans la casserole. Ajouter les restes de viande et de saucisse et réchauffer à feu doux quelques minutes de plus. Rectifier l'assaisonnement et servir dans des bols chauds, avec le persil plat haché en garniture.

SALADE DE LENTILLES
ET DE SAUCISSES

Suggestion d'Alexandre

Ingrédients

375 ml (1,5 tasse) de lentilles vertes ou du Puy, cuites et égouttées

250 ml (1 tasse) de restes de saucisse cuite, en tranches fines

60 ml (4 c. à soupe) de petits oignons marinés

2 tomates fraîches, en dés

60 ml (4 c. à soupe) de persil frais, haché

Vinaigrette de ciboulette

15 ml (1 c. à soupe) de moutarde à l'ancienne (en grains)

25 ml (5 c. à thé) de vinaigre de xérès

100 ml (7 c. à soupe) d'huile d'olive

1 jaune d'œuf

Sel et poivre, au goût

Dans un bol, mettre le jaune d'œuf, la moutarde, le vinaigre de xérès, le sel et le poivre. Mélanger au fouet jusqu'à dissolution du sel. Sans cesser de fouetter, verser l'huile d'olive en un mince filet pour bien émulsionner. Réserver.

Dans un saladier, mélanger les lentilles, les saucisses, les oignons marinés, les tomates et le persil frais. Ajouter la vinaigrette et mêler délicatement. Servir.

RAGOÛT DE LÉGUMES
DES CHAMPS
Suggestion de Jean-François

Ingrédients

Les restes du petit salé
aux lentilles

1 petit rutabaga (navet jaune),
pelé et en gros cubes

2 pommes de terre, avec la peau,
en gros cubes

45 ml (3 c. à soupe) d'huile d'olive

2 carottes, pelées et
en larges rondelles

1 courge musquée (butternut),
pelée et en gros cubes

750 ml (3 tasses)
de bouillon de poulet

Sel et poivre, au goût

Dans un fait-tout, chauffer l'huile à feu moyen et y faire sauter les légumes une dizaine de minutes. Mouiller avec le bouillon de poulet et amener à ébullition.

Ajouter les restes de petit salé, réduire le feu et laisser mijoter une trentaine de minutes, ou jusqu'à ce que les légumes soient tendres. Rectifier l'assaisonnement et servir dans de grands bols, avec du pain de campagne.

TARTINADE
DE LENTILLES
Suggestion de François

Ingrédients

1 paquet de toasts Melba

Au goût : crudités, tels que carottes, poivrons, céleri, radis, brocoli, champignons ou autres (assez pour 4 personnes)

500 ml (2 tasses) de restes de lentilles cuites et égouttées

Sel et poivre, au goût

Au mélangeur, transformer les lentilles en une purée lisse et onctueuse. Rectifier l'assaisonnement. Servir cette tartinade dans un ramequin, entourée de crudités, au choix, et toasts Melba.

DÉLICIEUX

MOULES AU GINGEMBRE,
CARI ET LAIT DE COCO

Ingrédients

1,2 kg (2,5 lb) de moules bien lavées et ébarbées

1 tige de 5 cm (2 po) de gingembre frais, pelé et râpé

1 gousse d'ail, hachée finement

2 échalotes sèches, hachées finement

30 ml (2 c. à soupe) d'huile (canola ou tournesol)

30 ml (2 c. à soupe) de poudre de cari

2,5 ml (½ c. à thé) de cannelle moulue

1 boîte de 400 ml (14 oz) de lait de coco

30 ml (2 c. à soupe) de miel

125 ml (½ tasse) d'eau

Le jus de 1 lime

2 tomates fraîches, épépinées et hachées

½ botte de coriandre fraîche (feuilles seulement)

Dans un fait-tout, faire suer le cari, la cannelle, le gingembre haché, l'ail et les échalotes de 3 à 4 minutes dans l'huile à feu doux.

Ajouter le lait de coco, le miel et l'eau et amener lentement à ébullition. Laisser frémir quelques minutes, puis augmenter le feu et ajouter les moules. Couvrir et cuire à feu vif jusqu'à ce que les moules s'ouvrent (de 3 à 5 minutes).

Déposer les moules et la sauce dans un grand saladier, ajouter les dés de tomates, la coriandre fraîche et le jus de lime. Bien napper de sauce. Servir immédiatement.

TABOULÉ DE QUINOA,
AMANDES ET MOULES

Dîner

Ingrédients

Les restes de moules de la veille

Sauce des moules

250 ml (1 tasse) de quinoa

2 tomates, épépinées et hachées

1 échalote sèche

15 ml (1 c. à soupe)
de menthe fraîche

45 ml (3 c. à soupe)
de persil frais

45 ml (3 c. à soupe)
de coriandre fraîche

60 ml (4 c. à soupe)
d'huile d'olive

60 ml (4 c. à soupe)
de jus de citron

125 ml (1/2 tasse)
d'amandes rôties et hachées

Sel et poivre, au goût

Retirer les moules de leur coquille. Rincer le quinoa et le cuire dans deux fois son volume d'eau, à feu doux, environ 10 minutes. Retirer du feu et laisser gonfler, puis égoutter parfaitement et rincer à l'eau froide. Réserver.

Entre-temps, hacher finement la menthe, le persil, la moitié de la coriandre et l'échalote sèche. Dans un saladier, mélanger le quinoa, les dés de tomates, les herbes hachées, l'échalote sèche et les amandes. Ajouter l'huile d'olive le jus de citron. Saler, poivrer et bien mélanger. Réchauffer la sauce des moules jusqu'à ébullition, ajouter les moules, retirer du feu et réchauffer une trentaine de secondes. Garnir le quinoa avec les moules et leur sauce. Parsemer avec le reste de la coriandre fraîche.

SALADE DE MOULES
ET HUILE DE CIBOULETTE

Suggestion d'Alexandre

Ingrédients

64 moules, cuites

1 poivron rouge, en cubes

4 ciboules (échalotes vertes),
hachées finement

1 gousse d'ail, hachée finement

Le jus et le zeste de 2 limettes

Sel et poivre, au goût

Huile de ciboulette

100 ml (7 c. à soupe)
d'huile de pépin de raisin

100 ml (7 c. à soupe)
de ciboulette fraîche

Mettre dans la jarre du mélangeur l'huile et la ciboulette et liquéfier jusqu'à l'obtention d'une purée verte. Réserver.

Dans un saladier, disposer les moules, le poivron, les ciboules (échalotes vertes) et l'ail. Saler et poivrer. Ajouter le zeste et le jus de lime, puis l'huile de ciboulette. Mélanger délicatement et servir.

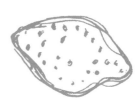

SPAGHETTIS AUX MOULES ET À L'HUILE D'OLIVE AU CITRON

Suggestion de Jean-François

Ingrédients

Les restes de moules au gingembre

300 g (10,5 oz) de spaghettis

125 ml (½ tasse) d'huile d'olive

Le jus et le zeste d'un citron

30 ml (2 c. à soupe) d'aneth frais, haché

Sel et poivre, au goût

Retirer les moules de leur coquille et les déposer dans un bol. Réserver au froid.

Dans une marmite d'eau bouillante salée, cuire les spaghettis selon les instructions du paquet, jusqu'à ce qu'ils soient légèrement *al dente*. Égoutter en prenant soin de conserver 125 ml (½ tasse) d'eau de cuisson pour la sauce. Réserver dans la passoire.

Dans un petit bol, mélanger l'eau de cuisson des pâtes, le jus de citron et l'huile d'olive. Saler et poivrer au goût. Ajouter l'aneth haché.

Remettre les spaghettis dans la marmite ayant servi à les cuire à feu doux. Ajouter la sauce au citron et à l'huile d'olive et les moules, bien mêler, réchauffer et servir.

SALADE DE MOULES ET HUILE D'OLIVE

Suggestion de François

Ingrédients

240 g (8 oz) de farfalles (pâtes en forme de boucles)

1 branche de céleri, émincée finement

1 petit oignon, haché finement

1 tomate, en petits dés

Le reste des moules cuites

1 bouquet de persil, haché finement

60 ml (4 c. à soupe) de mayonnaise

15 ml (1 c. à soupe) de jus de citron frais

Sel et poivre, au goût

Dans une grande marmite d'eau salée, cuire les pâtes selon la méthode indiquée sur le paquet, en respectant une cuisson légèrement *al dente*. Les égoutter et les refroidir à l'eau froide. Égoutter de nouveau.

Verser les pâtes dans un grand saladier. Ajouter le reste des ingrédients, mélanger délicatement, puis rectifier l'assaisonnement et servir.

ALEXANDRE LOISEAU
COCAGNE

En créant le bistro *Cocagne*, en 2004, le chef Alexandre Loiseau s'est donné comme règle d'élaborer une cuisine à la fois belle, savoureuse et abordable. On ne s'étonnera donc pas de constater que *Cocagne* a toujours attiré une clientèle fidèle de gourmands en quête d'une expérience sensorielle complète, plutôt que des m'as-tu-vu...

Alexandre Loiseau a un côté réservé et discret qui se reflète dans la simplicité de sa table. Quand il parle cuisine, il parle produits. Quand il parle produits, il parle qualité ; et quand il raconte, on l'écoute avec plaisir. Sa personnalité a attiré sur lui l'attention de *La Tablée des Chefs*, qui a d'abord sollicité sa contribution bénévole pour participer au *Camp culinaire Taillevent*, sur le site de l'auberge *Le P'tit Bonheur*, destiné à des élèves du primaire. Alexandre Loiseau a apprécié l'expérience et accepté de participer au programme des *Ateliers du Frère Toc*, visant à former des étudiants du cours secondaire.

À l'instar de quelques-uns de ses consoeurs et confrères, il y relate l'histoire et le rôle des produits alimentaires les plus courants. Il compare leurs éléments nutritifs à ceux d'autres aliments. Mais, surtout, il prouve à ses élèves que l'on peut cuisiner avec trois fois rien, tout en s'amusant.

« J'ai découvert que j'aimais vraiment transmettre un savoir, explique Alexandre. Je l'ai fait avec de jeunes enfants, avec des adolescents et il m'arrive de livrer mes secrets à des groupes d'adultes de 17 à 30 ans. Même si ces derniers sont plus expérimentés, ils réagissent avec le même enthousiasme devant les plaisirs que leur procure le fait de cuisiner. »

À lui comme aux trois autres chefs qui ont participé à l'élaboration de ce livre, *La Tablée des chefs* a demandé de créer sept recettes originales pouvant nourrir huit personnes à la fois. Astuce : chacune est calibrée pour être dégustée en deux temps. Premier temps : le jour où l'on prépare un plat, quatre personnes le partagent. Deuxième temps : le lendemain ou le surlendemain, les quatre portions restantes sont servies soit à la maison, soit comme lunch nourrissant à emporter au travail ou à l'école.

LA LISTE
D'ALEXANDRE

Épicerie

2 litres (8 tasses) de bouillon
de volaille
250 ml (1 tasse) de choucroute
1 kg (2,2 lb) de haricots
rouges secs
125 ml (1/2 tasse) de sauce tomate
1 boîte de 796 ml (28 oz) de
tomates concassées
Pains pitas
1 paquet de pennes rigate
pour 4 personnes
Tomates séchées

Viandes et poissons

6 cuisses de poulet avec la peau
1 kg (2,2 lb) d'épaule de porc
350 g (12 oz) de jambon fumé
200 g (7 oz) de porc haché
200 g (7 oz) de veau haché
6 filets de truite saumonée
de 140 g (4,5 oz) chacun
6 grosses saucisses fumées
(Bratwurst ou Knackwurst)
6 pavés de flétan
de 150 g (5 oz) chacun
4 tranches de lard fumé

Produits laitiers

125 ml (1/2 tasse)
de fromage mozzarella
100 ml (7 c. à soupe)
de fromage Parmesan
7 œufs

Fruits et légumes

1 aubergine moyenne
Branches de romarin
Branches de thym
2 bulbes d'ail
Ciboulette
2 citrons
3 concombres libanais
2 litres (8 tasses)
de bébés épinards frais
500 ml (2 tasses)
de haricots cocos frais
500 ml (2 tasses)
de petites carottes nantaises
125 ml (1/2 tasse)
de tomates cerises
150 ml (10 c. à soupe)
d'olives noires
2 échalotes sèches
12 échalotes vertes
10 épis de maïs frais
Feuilles de basilic
Feuilles de sauge
8 oignons
6 petites courgettes
4 poivrons rouges
8 pommes de terre nouvelles
8 tomates

À conserver dans le garde-manger ou dans le réfrigérateur

Huile d'olive
Huile végétale
Mayonnaise
Miel
Origan séché
Pain de grains entiers
Riz à risotto
Tabasco
Thym séché
Vin rouge

PAIN DE VIANDE DE VEAU ET PORC AU JAMBON, OLIVES ET MOZZARELLA

Ingrédients

1 oignon moyen, haché finement

1 poivron rouge, en petits dés

1 gousse d'ail, hachée finement

30 ml (2 c. à soupe) d'huile d'olive

200 g (7 oz) de porc haché

200 g (7 oz) de veau haché

100 g (3,5 oz) de jambon fumé, en cubes

75 ml (5 c. à soupe) d'olives noires dénoyautées et tranchées

125 ml (½ tasse) de fromage mozzarella râpé

75 ml (5 c. à soupe) de chapelure de pain

2 œufs

2 ml (½ c. à thé) de thym

2 ml (½ c. à thé) d'origan

Sel et poivre, au goût

125 ml (½ tasse) de sauce tomate

Préchauffer le four à 180 °C (350 °F). Dans une casserole, faire sauter l'oignon, le poivron et l'ail pendant 4 minutes dans l'huile d'olive. Dans un grand bol, mélanger tous les ingrédients du pain de viande avec les légumes sautés. Saler et poivrer au goût.

Mettre le mélange dans un moule à terrine et l'enduire d'une fine couche de sauce tomate. Cuire au four 40 minutes, ou jusqu'à ce qu'un cure-dent inséré dans le centre du pain de viande en ressorte propre. Laisser reposer une dizaine de minutes recouvert de papier d'aluminium avant de trancher.

PENNES RIGATE,
SAUCE TOMATE ET CUBES DE PAIN DE VIANDE
Dîner

SANDWICHS DE PAIN DE VIANDE
À LA ROQUETTE
Suggestion de Jean-François

Sauce tomate

1 petit oignon, haché finement

2 gousses d'ail, hachées finement

2 ml (½ c. à thé) de *sriracha* (sauce au piment asiatique) ou 3 gouttes de Tabasco

30 ml (2. à soupe) d'huile d'olive

750 ml (3 tasses) de tomates concassées en boîte

Sel de mer, au goût

5 feuilles de basilic frais, hachées

Pâtes

1 paquet de pennes rigate pour 4 personnes

Sel, au goût

375 ml (1 ½ tasse) environ, de pain de viande coupé en petits cubes

Dans une grande casserole d'eau bouillante salée, faire cuire les pâtes jusqu'à ce qu'elles soient *al dente* (8 à 10 minutes). Égoutter et réserver.

Sauce
Dans une grande poêle, faire suer l'ail et les oignons dans l'huile d'olive pendant une bonne minute. Ajouter le reste des ingrédients, sauf le pain de viande, et cuire à découvert et à feu doux pendant 30 minutes. Vers la fin de la cuisson, ajouter les cubes de pain de viande et réchauffer. Verser cette sauce sur les pâtes et servir.

Ingrédients

Les restes de pain de viande, en tranches

8 tranches de pain de grains entiers

375 ml (1 ½ tasse) de roquette

4 tranches de fromage gruyère ou emmenthal

100 ml (7 c. à soupe) de ketchup

45 ml (3 c. à soupe) de moutarde de Dijon

Faire griller légèrement les tranches de pain au grille-pain. Dans un petit bol, mélanger le ketchup et la moutarde de Dijon. Tartiner le pain grillé de cette préparation.

Sur la moitié des tranches de pain, répartir le pain de viande, puis garnir avec la roquette et le fromage. Refermer avec les tranches de pain restantes. Couper chaque sandwich en deux et servir avec des crudités et des croustilles, si désiré.

PIZZA
À PÂTE MINCE
Suggestion de François

Ingrédients

- 4 pains pitas aux fines herbes (ou de blé entier)
- 60 à 90 ml (4 à 6 c. à soupe) de restes de sauce du pain de viande
- 300 g (10,7 oz) de restes de pain de viande, en petits dés
- 12 olives dénoyautées
- 300 g (10,7 oz) de mozzarella râpée
- 10 ml (2 c. à thé) d'origan séché
- Sel et poivre, au goût

Préchauffer le four à 200 °C (400 °F).

Étendre un peu de sauce sur chaque pita et ajouter la viande en morceaux. Parsemer de fromage, ajouter les olives, l'origan et ajuster l'assaisonnement. Cuire au four une dizaine de minutes, ou jusqu'à ce que le fromage commence à gratiner et que le dessous de la pâte soit cuit.

Servir accompagné d'une salade verte.

TARTINES
DE PAIN DE VIANDE
À L'ITALIENNE
Suggestion d'Audrey

Ingrédients

- 4 tranches de pain de campagne
- 4 tranches de restes de pain de viande
- 60 ml (4 c. à soupe) de restes de sauce du pain de viande (ou de sauce tomate)
- 90 ml (6 c. à soupe) de parmesan, en fins copeaux
- 250 ml (1 tasse) de mini roquette
- Gros sel
- 1 aubergine en tranches de 1 cm (⅓ po environ) d'épaisseur
- Farine pour enrober les aubergines
- 1 gousse d'ail entière, épluchée
- 90 ml (6 c. à soupe) d'huile d'olive
- Sel et poivre

Préchauffer le four à 180 °C (350 °F).

Saupoudrer l'aubergine de gros sel et dégorger 15 minutes. Dans une grande poêle, chauffer l'huile d'olive à feu moyen avec l'ail. Retirer du feu et infuser l'ail 2 à 3 minutes. Retirer l'ail et le jeter. Conserver l'huile pour la cuisson de l'aubergine. Fariner les tranches d'aubergine et cuire 2 à 3 minutes de chaque côté dans l'huile. Retirer du feu et égoutter. Réserver. Entre-temps, badigeonner le pain et le pain de viande d'huile d'olive et disposer sur des tôles à biscuits. Réchauffer au four quelques minutes. Chauffer la sauce du pain de viande ou la sauce tomate. Garnir chaque tranche de pain avec 1 tranche de pain de viande, puis les aubergines frites, napper de sauce, garnir de roquette, puis de parmesan et servir.

TRUITE SAUMONÉE AU LARD FUMÉ,
POMMES DE TERRE NOUVELLES ET OIGNONS VERTS

Ingrédients

6 filets de truite saumonée de 140 g (4,5 oz) chacun, sans peau

4 tranches épaisses de lard fumé

8 pommes de terre nouvelles, de grosseur moyenne

Sel et poivre, au goût

125 ml (½ tasse) de bouillon de volaille

30 ml (2 c. à soupe) de beurre

8 ciboules (échalotes vertes)

Préchauffer le four à 200 °C (400 °F).

Trancher les pommes de terre en fines rondelles de 5 mm (¼ pouce) environ. Les disposer dans le fond d'une poêle allant au four, munie d'un couvercle.

Ajouter le bouillon de volaille et le beurre en noisettes, puis saler et poivrer au goût. Nettoyer les ciboules (échalotes vertes) et les ajouter entières aux pommes de terre.

Amener à ébullition sur le rond du poêle et mettre ensuite au four, à couvert, de 5 à 6 minutes.

Entre-temps, saler et poivrer la truite des deux côtés. Chauffer une poêle antiadhésive à feu vif et y faire sauter le lard une trentaine de secondes, avant d'ajouter les filets de truite. Cuire d'un côté seulement, à feu vif, pendant 1 minute. Baisser le feu à température moyenne et poursuivre la cuisson du même côté de 3 à 4 minutes, selon l'épaisseur.

Retirer la poêle du feu et retourner les filets de truite, qui cuiront quelques secondes de plus dans la poêle chaude, le temps de répartir les pommes de terre et les ciboules dans quatre assiettes. Déposer 1 filet de poisson sur chaque assiette et servir.

TARTARE DE TRUITE SAUMONÉE
AU CONCOMBRE

Dîner

Ingrédients

300 g (10,5 oz)
de truite saumonée crue,
hachée en très petits dés

125 ml (½ tasse) de concombres
libanais, en petit dés

Mayonnaise à l'huile d'olive,
au goût

45 ml (3 c. à soupe) d'échalote
sèche, finement hachée

8 tranches de baguette grillée
avec un peu d'huile d'olive,
au goût

45 ml (3 c. à soupe)
de ciboulette hachée

Sel marin et poivre blanc
du moulin, au goût

Le zeste de 1 citron

Mélanger touts les ingrédients du tartare. Bien assaisonner.
Diviser en quatre portions.

Servir avec la baguette grillée.

FARFALLES AU SAUMON
ET À L'ANETH FRAIS

Suggestion de Jean-François

Ingrédients

Les restes de saumon,
hachés finement

Les restes des légumes
d'accompagnement

300 g (10,5 oz) de farfalles

60 ml (4 c. à soupe)
d'aneth frais, haché

100 ml (7 c. à soupe)
d'huile d'olive

30 ml (2 c. à soupe) de câpres,
rincées et égouttées

1 tasse de parmesan râpé

Sel et poivre, au goût

Dans une casserole d'eau bouillante salée, cuire les farfalles selon
les instructions du paquet, jusqu'à ce qu'elles soient légèrement
al dente. Égoutter dans une passoire, en prenant soin de réserver
125 ml (½ tasse) d'eau de cuisson pour la sauce. Remettre les farfalles
dans la casserole, à feu doux.

Ajouter l'eau de cuisson des pâtes, l'huile d'olive et le reste des
ingrédients et mélanger délicatement. Saler et poivrer au goût
et servir immédiatement.

SALADE DE POMMES DE TERRE ET DE TRUITE

Suggestion de François

Ingrédients

- 16 petites pommes de terre nouvelles
- 1 paquet de ciboules (échalotes vertes), émincées finement
- 60 ml (4 c. à soupe) de moutarde de Dijon
- 2 gousses d'ail, hachées finement
- 2 œufs durs, écalés
- 60 ml (4 c. à soupe) d'huile d'olive
- 4 tranches de bacon, cuit et émietté
- 300 g (10,5 oz) de restes de truite, émiettés
- Sel et poivre, au goût

Cuire les pommes de terre à l'eau bouillante salée. Lorsqu'elles sont presque prêtes, les mettre rapidement au frigo pour les refroidir.

Passer l'ail, la moutarde et l'huile d'olive au mélangeur afin d'obtenir une sauce lisse et onctueuse. Réserver.

Couper les pommes de terre et les œufs durs en quartiers et mettre dans un grand saladier. Ajouter le bacon et la sauce et mêler délicatement. Poursuivre l'opération avec les oignons verts et la truite. Rectifier l'assaisonnement et servir.

SALADE DE POMMES DE TERRE NOUVELLES À LA TRUITE SAUMONÉE

Suggestion d'Audrey

Ingrédients

- 500 ml (2 tasses) de restes de pommes de terre, en quartiers
- 1 branche de céleri, émincée
- 1 ciboule (échalote verte), hachée
- 30 ml (2 c. à soupe) de moutarde de Meaux
- 500 ml (2 tasses) de restes de truite saumonée
- 30 ml (2 c. à soupe) d'huile d'olive
- 5 ml (1 c. à thé) de miel
- Sel et poivre, au goût

Dans un saladier, mélanger les pommes de terre en quartiers, le céleri émincé, la ciboule (échalote verte) émincée, la moutarde, l'huile d'olive et le miel. Saler, poivrer et bien mélanger.

Ajouter la truite et mêler délicatement. Au moment de servir, napper chaque portion d'un filet d'huile d'olive.

LA CRÈME DE LA CRÈME

SAUCISSES
EN COCOTTE

Ingrédients

6 grosses saucisses fumées de style allemand
(Bratwurst ou Knackwurst)

500 ml (2 tasses) de petites carottes
nantaises (ou autres)

1 gros oignon, haché finement

1 gousse d'ail, hachée finement

500 ml (2 tasses) de bébés épinards frais

1 branche de thym

250 ml (1 tasse) de bouillon de volaille

30 ml (2 c. à soupe) de beurre froid, en dés

Sel et poivre, au goût

Préchauffer le four à 200 °C (400 °F).

Éplucher les carottes. Les couper en 2 dans le sens de la longueur. Étendre l'oignon et l'ail hachés dans le fond d'un fait-tout. Ajouter la branche de thym, le beurre en dés, les saucisses et le bouillon de volaille. Saler et poivrer. Amener d'abord à ébullition sur feu vif, puis fermer le feu et cuire au four pendant 15 minutes, à couvert.

Retirer la cocotte du four et y ajouter les épinards. Enfourner de nouveau et cuire 2 minutes de plus. Pour le service, simplement placer la cocotte au centre de la table, sur une planche en bois et les poignées entourées de mitaines isolantes, pour éviter les brûlures.

SANDWICHS DE SAUCISSES
À LA CHOUCROUTE

Dîner

Ingrédients

2 saucisses tranchées finement

8 tranches de pain de grains entiers

Moutarde forte au miel, au goût

250 ml (1 tasse) de choucroute

Poivre du moulin, au goût

Réchauffer les saucisses à feu doux dans une poêle. Les retirer de la poêle, les trancher, puis les réserver au chaud.

Dans une petite casserole, faire chauffer la choucroute à feu doux.

Tartiner 4 tranches de pain avec de la moutarde forte au miel (ou une autre moutarde, au goût). Garnir de choucroute bien égouttée, puis de rondelles de saucisse, poivrer et servir.

SAUCISSES
AUX TOMATES
À L'ITALIENNE

Suggestion de Jean-François

Ingrédients

Les restes de saucisses

250 ml (1 tasse) de tomates en dés, avec leur jus

1 petit oignon, haché finement

1 poivron vert, en morceaux

1 gousse d'ail, hachée finement

100 ml (7 c. à soupe) d'huile d'olive

10 ml (2 c. à thé) de vinaigre balsamique

Quelques feuilles de basilic frais

Sel et poivre, au goût

Couper les saucisses en morceaux d'environ 4 cm (1,5 po).

Dans une poêle, chauffer l'huile d'olive à feu moyen-vif et y faire sauter l'oignon et le poivron 5 minutes environ. Ajouter la saucisse et cuire quelques minutes de plus.

Ajouter l'ail, les tomates avec leur jus et le vinaigre balsamique et cuire une quinzaine de minutes, ou jusqu'à ce que le poivron soit tendre. Servir immédiatement.

SAUCISSES COCKTAIL
Suggestion de François

Ingrédients

400 g (14 oz) de restes de saucisses

Tranches de bacon

60 ml (4 c. à soupe) de moutarde de Dijon

Préchauffer le four à 180 °C (350 °F).

Couper les restes de saucisses en morceaux d'environ 5 cm (2 po) de long. Entourer chaque morceau d'une demie tranche de bacon et la faire tenir à l'aide d'un cure-dent.

Cuire au four jusqu'à ce que le bacon soit doré (une vingtaine de minutes), en retournant une fois.

Servir accompagné de moutarde de Dijon, d'une salade de tomates fraîches et de pain croûté.

GRATIN DE MACARONIS AU FROMAGE, ET À LA SAUCISSE
Suggestion d'Audrey

Ingrédients

500 g (1 lb) environ, de macaronis

225 ml (½ tasse) de cheddar râpé (ou tout autre fromage dur)

125 ml (½ tasse) de crème 35 % (ou de lait)

60 ml (4 c. à soupe) de beurre mou

30 ml (2 c. à soupe) de moutarde de Dijon

15 ml (1 c. à soupe) de graines de moutarde

300 g (10,5 oz) environ, de restes de saucisses, en rondelles

Sel et poivre, au goût

Préchauffer le four à 180 °C (350 °F).

Dans une grande casserole d'eau bouillante salée, cuire les macaronis selon les instructions du paquet, jusqu'à ce qu'ils soient *al dente*. Égoutter.

Dans un saladier, mélanger cheddar, crème, beurre, moutarde de Dijon et saucisses. Ajouter les macaronis cuits et égouttés et bien mélanger. Saler et poivrer, au goût. Verser les pâtes dans un plat à gratin beurré. Parsemer de graines de moutarde et cuire 20 à 25 minutes, ou jusqu'à ce que la surface soit légèrement dorée.

FLÉTAN POÊLÉ,
HARICOTS COCO FRAIS

Ingrédients

6 pavés de flétan de 150 g (5 oz) chacun

500 ml (2 tasses) de haricots coco
(ou romano) frais, écossés

125 ml (½ tasse) de tomates cerises,
coupées en deux

75 ml (5 c. à soupe) d'oignon, haché finement

2 gousses d'ail, divisées

1 branche de thym frais

4 ciboules (échalotes vertes)

250 ml (1 tasse) de vin rouge sec

45 ml (3 c. à soupe) de miel liquide

Sel et poivre, au goût

Farine tout usage, pour enrober le flétan

Huile d'olive, pour cuire le flétan

30 ml (2 c. à soupe) d'eau

Éplucher les haricots. Les mettre dans une casserole, recouvrir d'eau froide et amener à ébullition, à découvert. Baisser le feu et cuire à feu doux et à découvert avec une gousse d'ail écrasée et une branche de thym pendant environ 25 minutes, ou jusqu'à tendreté. Ajouter le sel seulement vers la fin de la cuisson pour éviter que les haricots ne durcissent.

Dans une petite poêle, faire réduire le vin avec le miel à feu moyen-vif jusqu'à l'obtention d'un sirop. Réserver. Hacher la gousse d'ail restante et la mettre dans un bol, avec l'oignon haché.

Émincer les ciboules (échalotes vertes) en rondelles très fines et les fariner. Enlever le surplus de farine et frire dans un peu d'huile chaude. Égoutter sur du papier absorbant et réserver.

Dans un fait-tout, chauffer un peu d'huile d'olive à feu moyen. Y faire revenir les oignons et l'ail jusqu'à transparence de l'oignon. Ajouter les haricots coco avec 30 ml (2 c. à soupe) d'eau, pour ne pas que les haricots s'assèchent. Ajouter les tomates cerises. et poursuivre la cuisson jusqu'à ce que les tomates soient bien chaudes.

Entre-temps, dans une poêle, chauffer un peu d'huile d'olive à feu moyen-vif. Y déposer le flétan et cuire 3 minutes d'un côté. Tourner le poisson et cuire 2 minutes de plus, environ, selon l'épaisseur.

Répartir dans quatre assiettes le mélange de haricots et de tomates, puis déposer les pavés de flétan dessus. Garnir avec les ciboules (échalotes vertes) frites. Compléter par un trait de sirop de vin sur l'assiette.

PITAS
AU FLÉTAN

Dîner

Ingrédients

4 pitas de blé entier

300 g (10,5 oz) de restes de flétan cuit

2 ciboules (échalotes vertes) hachées

75 ml (5 c. à soupe) de crème sûre

30 ml (2 c. à soupe) de moutarde à l'ancienne (en grains)

Sel et poivre, au goût

Mélanger le flétan, la crème sûre, la moutarde et les échalotes. Saler et poivrer au goût. Farcir les 4 pitas de cette salade. Servir.

FRICASSÉE DE FLÉTAN
ET BOK CHOY AU SÉSAME

Suggestion de Jean-François

Ingrédients

Les restes de flétan

½ bok choy, émincé

100 ml (7 c. à soupe) d'huile d'olive

1 gros oignon espagnol, haché finement

30 ml (2 c. à soupe) de sauce soya

2 gousses d'ail, hachées finement

2 branches de céleri, émincées

45 ml (3 c. à soupe) de gingembre frais, haché

30 ml (2 c. à soupe) de graines de sésame

15 ml (1 c. à soupe) de sauce hoisin

À l'aide d'une fourchette, défaire le flétan en flocons. Réserver au froid.

Dans une poêle ou un wok, chauffer l'huile d'olive à feu moyen-vif et y sauter les légumes une dizaine de minutes. À la fin de la cuisson, ajouter le gingembre et l'ail hachés et la sauce hoisin.

Réduire le feu au minium, ajouter les morceaux de poisson et la sauce soya et réchauffer en brassant délicatement. Servir immédiatement, garni de graines de sésame.

CAKES DE FLÉTAN
ET MAYONNAISE AU SOYA
Suggestion de François

Ingrédients

2 pommes de terre à chair jaune, pelées	200 g (7 oz) de semoule de maïs (polenta)
30 ml (2 c. à soupe) de lait	30 ml (2 c. à soupe) de sauce soya
1 bouquet de ciboules (échalotes vertes), émincées	60 ml (4 c. à soupe) d'huile végétale (canola ou tournesol)
300 g (10,5 oz) de restes de flétan cuit	60 ml (4 c. à soupe) de mayonnaise
30 ml (2 c. à soupe) de beurre	Sel et poivre, au goût

Cuire les pommes de terre à l'eau bouillante salée jusqu'à parfaite tendreté. Égoutter et réduire en purée au presse-purée ou au pilon. Ajouter le lait et le beurre, saler et poivrer. Préchauffer le four à 180 °C (350 °F).

Mélanger ensuite la purée avec le flétan et les ciboules, puis rectifier l'assaisonnement. Confectionner des galettes et les passer dans la semoule de maïs juste avant la cuisson.

Dans une poêle antiadhésive, chauffer l'huile à feu moyen-doux. Y faire cuire les cakes jusqu'à ce qu'ils soient dorés uniformément. Terminer la cuisson au four pendant 4 à 5 minutes.

Entre-temps, mélanger la mayonnaise et la sauce soya. Servir chaque cake accompagné de mayonnaise au soya et de légumes verts.

FRICASSÉE TIÈDE
DE HARICOTS COCO, TOMATES CERISES ET AIL
Suggestion d'Audrey

Ingrédients

30 ml (2 c. à soupe) d'huile d'olive	60 ml (4 c. à soupe) de vinaigre balsamique
2 échalotes sèches, hachées finement	Fleur de sel, poivre du moulin, au goût
500 ml (2 tasses) de restes de haricots coco	Basilic frais et huile d'olive vierge, pour garnir
2 gousses d'ail, hachées finement	1 branche de thym frais
250 ml (1 tasse) de tomates cerises	

Dans une poêle, suer les échalotes dans l'huile chaude jusqu'à transparence. Ajouter l'ail, puis les tomates cerises. Augmenter l'intensité du feu et ajouter le thym, les haricots coco et le vinaigre balsamique. Réchauffer.

Retirer du feu et laisser tiédir. Répartir dans des bols, garnir de basilic frais et napper d'un filet d'huile d'olive avant de servir.

RISOTTO AU MAÏS
ET AUX ÉPINARDS

Ingrédients

500 ml (2 tasses) de riz à risotto
(carnaroli ou arborio)

30 ml (2 c. à soupe) d'huile d'olive

8 épis de maïs frais

1 oignon, haché finement

1 branche de thym

1 gousse d'ail, hachée finement

1 litre (4 tasses) de bouillon de volaille

1,5 litre (6 tasses) de bébés épinards frais

6 tomates séchées, hachées finement

100 ml (7 c. à soupe)
de fromage parmesan frais, râpé

Sel et poivre, au goût

Égrener le maïs et réserver dans un bol. Dans une casserole, amener le bouillon de volaille à ébullition, puis baisser le feu et laisser frémir.

Dans un fait-tout, chauffer l'huile d'olive à feu moyen et faire suer l'oignon, l'ail et le maïs pendant 1 minute. Ajouter le riz et cuire 1 minute de plus, en remuant constamment, pour bien enrober chaque grain d'huile.

Verser une à deux louches à la fois de bouillon de volaille chaud, juste assez pour couvrir le riz, et remuer sans arrêt jusqu'à absorption presque complète du bouillon. Répéter cette opération jusqu'à ce que le riz soit cuit, avec le centre du grain encore légèrement croquant sous la dent (al dente).

Vers la fin de la cuisson, incorporer les tomates séchées, les bébés épinards et le parmesan. Rectifier l'assaisonnement et servir.

SALADE D'ÉPINARDS AU MAÏS
ET JAMBON FUMÉ

Dîner

CRÈME DE MAÏS
AUX ÉPINARDS

Suggestion de Jean-François

Ingrédients

1 litre (4 tasses) d'épinards frais	
250 ml (1 tasse) de maïs égrainé, frais	
250 ml (1 tasse) de tomates fraîches, en dés	
1 poivron rouge, en dés	
250 g (8 oz) de jambon fumé, en dés	
1 gousse d'ail, hachée finement	
3 ciboules (échalotes vertes), hachées finement	
8 feuilles de basilic frais, hachées	
Sel et poivre, au goût	

Vinaigrette

1 jaune d'œuf

15 ml (1 c. à soupe)
de moutarde de Dijon

45 ml (3 c. à soupe)
de jus de citron

125 ml (½ tasse) d'huile d'olive

Sel et poivre, au goût

Dans un cul-de-poule, mettre le jaune d'œuf, la moutarde, le sel, le poivre et le jus de citron et battre au fouet vigoureusement. Ajouter l'huile d'olive en un mince filet, sans cesser de battre, pour obtenir une émulsion.

Dans un saladier, mélanger tous les autres ingrédients. Ajouter la vinaigrette, touiller et servir.

Ingrédients

Les restes du risotto au maïs et aux épinards

1 litre (4 tasses) de bouillon de poulet

250 ml (1 tasse) de crème 15 %

1 boîte de 284 ml (10 oz) de crème de maïs

Sel et poivre, au goût

Dans un fait-tout, mettre les restes du risotto. Mouiller avec le bouillon de poulet et porter à ébullition à feu moyen. Ajouter la crème de maïs et réchauffer.

À l'aide d'un mélangeur à main, réduire en purée jusqu'à l'obtention d'une texture assez lisse. Ajouter la crème 15 % et cuire à feu moyen une dizaine de minutes.

Servir dans des bols.

CRÈME DE MAÏS ET CROÛTES DE PAIN DE CAMPAGNE

Suggestion de François

Ingrédients

4 à 6 épis de maïs frais, égrenés

1 oignon, haché finement

100 g (3,5 oz) de lard fumé (bacon), en dés

15 ml (1 c. à soupe) de beurre

500 ml (2 tasses) de bouillon de volaille

1 gros pain de campagne

1 gousse d'ail entière, épluchée

Sel et poivre, au goût

Dans un fait-tout, faire fondre le beurre à feu doux. Y faire suer l'oignon jusqu'à transparence. Ajouter le bacon en dés et continuer la cuisson jusqu'à ce que le bacon soit bien doré. Égoutter le gras de bacon.

Ajouter les grains de maïs au mélange d'oignons et de bacon, puis mouiller avec le bouillon. Augmenter le feu et amener à ébullition. Réduire la température et cuire à feu doux, à découvert environ 30 minutes.

Passer la soupe au mélangeur jusqu'à consistance lisse et rectifier l'assaisonnement. Servir avec une tranche épaisse de pain de campagne grillé et frotté à l'ail.

GALETTES DE VIANDE AU RISOTTO

Suggestion d'Audrey

Ingrédients

300 g (10,5 oz) de bœuf ou de veau haché

1 œuf

5 ml (1 c. à thé) de paprika fumé

250 ml (1 tasse) environ, de restes de risotto

1 gousse d'ail, hachée finement

1 oignon, haché finement

1 botte de coriandre fraîche, hachée

Sel et poivre, au goût

1 gousse d'ail, hachée finement

15 ml (1 c. à table) d'huile d'olive

1 oignon, haché finement

Dans un grand bol, mélanger tous les ingrédients. Saler et poivrer, au goût. Façonner des boulettes légèrement aplaties. Les faire dorer à feu moyen dans l'huile d'olive jusqu'à ce qu'elles soient parfaitement cuites.

Ces galettes peuvent être servies en burgers, avec la garniture de votre choix, ou telles quelles, accompagnées d'une salade et de crème sûre.

CUISSES DE POULET DÉSOSSÉES,
SERVIES SUR RATATOUILLE

Ingrédients

6 cuisses de poulet, désossées, avec la peau

6 grosses feuilles de sauge

45 ml (3 c. à soupe) d'huile d'olive

30 ml (2 c. à soupe) de beurre

Sel et poivre, au goût

Ratatouille

60 ml (4 c. à soupe) d'huile d'olive

500 ml (2 tasses) d'oignons blancs
ou rouges, en cubes

4 gousses d'ail, hachées finement

1 branche de romarin frais

500 ml (2 tasses) de poivrons rouges, en dés

500 ml (2 tasses) de courgettes vertes, en dés

500 ml (2 tasses) d'aubergines, en dés

Préchauffer le four à 200 °C (400 °F).

Décoller délicatement la peau des cuisses de poulet en passant les doigts entre chair et peau. Y insérer une feuille de sauge pour chaque cuisse. Saler et poivrer au goût.

Dans une grande poêle allant au four, sauter le poulet à feu vif dans l'huile d'olive chaude jusqu'à l'obtention d'une belle coloration. Mettre au four et cuire de 10 à 14 minutes, selon l'épaisseur.

Entre-temps, préparer la ratatouille. Faire chauffer une poêle à feu moyen, ajouter l'huile d'olive et dorer l'oignon jusqu'à transparence. Ajouter l'ail, le romarin et le reste de légumes et cuire à feu doux jusqu'à ce que les légumes soient tendres, mais pas en compote. Rectifier l'assaisonnement.

Disposer de la ratatouille au centre de quatre assiettes chaudes. Ajouter une cuisse de poulet sur chacune et un filet d'huile d'olive tout autour. Servir immédiatement.

RATATOUILLE
AUX TOMATES CONFITES, OLIVES NOIRES ET ŒUFS MIROIR
Dîner

SALADE DE POULET
DE MA GRAND-MÈRE
Suggestion de Jean-François

Ingrédients

750 ml (3 tasses) environ, de restes de ratatouille	Sel, poivre et piment d'Espelette au goût
75 ml (5 c. à soupe) d'olives noires, dénoyautées et hachées	60 ml (4 c. à soupe) de basilic frais, haché
8 tomates rouges, fraîches	1 branche de thym frais
Huile d'olive, au goût	4 œufs
4 tranches de pain à grains entiers, grillées	

Plonger les tomates dans une marmite d'eau bouillante salée pendant une minute. Les retirer, les plonger immédiatement dans un bain d'eau froide et les monder en tirant délicatement sur la pelure. Couper les tomates en 4 et épépiner. Disposer sur une plaque. Verser un trait d'huile d'olive sur chacune, saler, poivrer et ajouter un peu de thym. Cuire au four 3 heures.

Entre-temps, réchauffer les restes de ratatouille dans un peu d'huile d'olive avec une branche de thym. Poivrer au piment d'Espelette et laisser ramollir 4 minutes. Ajouter le basilic et les olives. Réserver au chaud. Dans une autre poêle, faire chauffer un peu de beurre ou d'huile d'olive et cuire les œufs au miroir. Saler et poivrer au piment d'Espelette. Servir soit dans la poêle, avec les tomates confites sur le dessus et les œufs, ou dans des assiettes individuelles. Déguster avec une tranche de pain grillé et un trait d'huile d'olive.

Ingrédients

Les restes de cuisses de poulet, hachés finement
1 petit oignon, haché finement
1 boîte de 284 ml (10 oz) de pois verts, égouttés (ou 250 ml (1 tasse) de pois verts congelés et réchauffés)
La moitié d'une laitue Iceberg
2 branches de céleri, émincées finement
Sel et poivre, au goût
125 ml (½ tasse) de mayonnaise, ou plus, au goût

Dans un grand bol, mélanger tous les ingrédients. Saler et poivrer, au goût. Servir dans des petits pains à salade, des profiteroles ou des mini-croissants.

RATATOUILLE GRATINÉE
Suggestion de François

Ingrédients

1 pain de campagne

125 ml (½ tasse) de mozzarella râpée

250 ml (1 tasse) environ, de restes de ratatouille

30 ml (2 c. à soupe) d'huile d'olive

Sel et poivre, au goût

Chauffer le four à 180 °C (350 °F).

Couper des tranches épaisses de pain de campagne et les faire griller au four, des deux côtés, une dizaine de minutes. Au sortir du four, badigeonner chaque croûton à l'huile d'olive.

Hausser la température du four à gril (broil).

Étendre une généreuse portion de ratatouille sur chaque tranche. Garnir de fromage et passer sous le gril quelques minutes (à broil), jusqu'à ce que le fromage soit bien gratiné.

Servir immédiatement.

VERRINES DE *CRUMBLE* AU CHÈVRE, SAUGE ET RATATOUILLE
Suggestion d'Audrey

Ingrédients

500 ml (2 tasses) de restes de ratatouille

125 ml (½ tasse) de fromage de chèvre frais

100 ml (7 c. à soupe) de crème 35 %

30 ml (2 c. à soupe) d'huile d'olive

5 ml (1 c. à thé) de miel

4 feuilles de sauge, ciselées

100 ml (7 c. à soupe) de farine tout usage

45 ml (3 c. à soupe) de beurre, à température ambiante

20 ml (4 c. à thé) de noix de pin, hachées

1 jaune d'œuf

Sel et poivre, au goût

Confectionner le *crumble* en mélangeant du bout des doigts farine, beurre, jaune d'œuf, sel et noix de pin, pour une consistance grumeleuse. Préchauffer le four à 180 °C (350 °F). Étaler le *crumble* sur un plaque à pâtisserie et cuire 15 minutes, Laisser refroidir sur la plaque.

Réchauffer la ratatouille. Dans une petite casserole, chauffer la crème sans bouillir. Dans un saladier, émietter le fromage de chèvre, puis verser la crème dessus, en remuant au fouet. Incorporer le miel, l'huile d'olive et la sauge. Saler et poivrer, au goût. Monter les verrines en déposant la ratatouille tiède dans le fond. Garnir de crème au fromage de chèvre et terminer avec le *crumble*.

PORC BRAISÉ AU CITRON
ET À L'OIGNON, POÊLÉE
DE HARICOTS ROUGES

Ingrédients

1 kg (2,2 lb) d'épaule de porc

1 kg (2,2 lb) de haricots rouges secs

6 à 8 oignons moyens, en tranches fines

4 gousses d'ail, hachées finement

Le jus et le zeste de 4 citrons

2 feuilles de laurier

4 branches de thym frais

250 ml (1 tasse) de bouillon de volaille

Huile d'olive, au goût

Sel et poivre, au goût

Tremper les haricots secs de 12 à 24 heures dans l'eau froide. Égoutter. Les cuire à feu doux dans 3 litres (12 tasses) d'eau bouillante, jusqu'à tendreté. Égoutter et réserver.

Saler et poivrer le porc. Dans une poêle bien chaude, le faire sauter à feu vif dans l'huile d'olive jusqu'à l'obtention d'une belle coloration. Placer ensuite le porc dans un plat allant au four et réserver.

Préchauffer le four à 180 °C (350 °F).

Utiliser la poêle ayant servi à cuire le porc pour sauter l'oignon et l'ail dans un peu d'huile d'olive pendant environ 1 minute. Ajouter le thym, le laurier et le bouillon de volaille et amener à ébullition en raclant les parois et le fond de la poêle, pour bien décoller les sucs. Ajouter le jus et les zestes de citron au bouillon, puis verser ce mélange sur le porc. Cuire au four, à découvert, pendant 1 heure.

Retirer le porc de la sauce. Réservez au chaud, enveloppé de papier d'aluminium. Entre-temps, ajouter les haricots au bouillon citronné pour les réchauffer. Répartir les haricots et la sauce dans 4 bols avant de garnir avec le porc. Servir immédiatement.

TREMPETTE DE HARICOTS ROUGES
AUX HERBES SALÉES

Dîner

SANDWICHS AU PORC BRAISÉ ET AUX POMMES
SUR PAIN BRIOCHÉ

Suggestion de Jean-François

Trempette

500 ml (2 tasses) environ, de restes de haricots rouges, cuits

2 gousses d'ail, hachées finement

60 ml (4 c. à soupe) de beurre de sésame (tahini)

60 ml (4 c. à soupe) d'huile d'olive

10 ml (2 c. à thé) d'herbes salées du Bas-du-fleuve

Le jus et le zeste de 1 citron

Sel et poivre, au goût

Crudités

4 carottes nantaises (ou autres), pelées

4 branches céleri, en bâtonnets

1 poivron rouge, en languettes

1 concombre libanais, en bâtonnets

4 pains pitas ou des croûtons maison

Passer tous les ingrédients de la trempette au mélangeur pour obtenir une pâte lisse. Servir avec les crudités et accompagner de pains pitas ou de croûtons.

Ingrédients

Les restes d'épaule de porc, effilochés

8 tranches de pain brioché

2 pommes vertes

60 ml (4 c. à soupe) de jus de citron

250 ml (1 tasse) de jus de cuisson du porc

250 ml (1 tasse) de cheddar fort râpé

Dans une poêle, faire chauffer le jus de cuisson du porc à feu moyen. Y ajouter le porc effiloché et réchauffer à feu doux une dizaine de minutes. Réserver, au chaud.

Entre-temps, couper les pommes en fines tranches et les tremper quelques minutes dans le jus de citron pour éviter qu'elles ne s'oxydent. Égoutter, puis éponger avec des essuie-tout et réserver.

Faire griller les tranches de pain brioché au grille-pain. Sur la moitié des tranches de pain, déposer le porc, avec son jus de cuisson. Ajouter les tranches de pommes, puis le cheddar râpé et refermer. Couper les sandwichs en deux et servir avec une salade verte.

SALADE DE HARICOTS ROUGES ET ÉPAULE DE PORC

Suggestion de François

Ingrédients

300 g (10,5 oz) de restes d'épaule de porc, effilochés

375 ml (1 ½ tasse) de haricots cuits

15 ml (1 c. à soupe) de jus de citron frais

1 bouquet de persil, haché

60 ml (4 c. à soupe) d'huile d'olive

1 petit oignon rouge, haché finement

60 ml (4 c. à soupe) de ricotta

Sel et poivre, au goût

Mélanger les ingrédients et rectifier l'assaisonnement. Cette salade devrait être faite la veille, pour plus de saveur.

RAGOÛT D'ÉPAULE DE PORC BRAISÉE, RIGATONIS AU THYM

Suggestion d'Audrey

Ingrédients

300 g (10,5 oz) de rigatonis

500 ml (2 tasses), de restes d'épaule de porc, effilochés

1 oignon, haché finement

5 gousses d'ail, écrasées

100 ml (7 c. à soupe) de parmesan râpé (facultatif)

125 ml (½ tasse) de vin blanc sec

4 branches de thym frais

45 ml (3 c. à soupe) environ, de jus de braisage (ou fond de veau)

2 tomates fraîches, en dés

Huile d'olive

125 ml (½ tasse) d'eau de cuisson des pâtes

Sel et poivre, au goût

Cuire les rigatonis dans l'eau bouillante salée en conservant 125 ml (½ tasse) d'eau de cuisson. Égoutter et réserver. Colorer le porc dans l'huile d'olive en remuant souvent. Ajouter les oignons et le thym et cuire 8 minutes, en remuant fréquemment.

Ajouter les tomates et l'ail, amener à ébullition rapide, puis déglacer au vin blanc. Réduire de moitié, ajouter le jus de braisage (ou le fond de veau), avec l'eau de cuisson des pâtes. Réduire le feu et cuire une dizaine de minutes. Ajouter les rigatonis et le parmesan à la sauce, puis mélanger délicatement. Rectifier l'assaisonnement et servir.

JEAN-FRANÇOIS ARCHAMBAULT
LA TABLÉE DES CHEFS

Jean-François Archambault est un jeune père de famille qui a un jour décidé de placer au centre de sa vie l'engagement social auprès des enfants et des familles en difficulté en créant *La Tablée des Chefs*.

Diplômé de l'ITHQ en gestion hôtelière en 1997 et très proche du milieu de la restauration, il fondera trois ans plus tard cet organisme qui est devenu le moteur d'implication communautaire des chefs, cuisiniers et pâtissiers du Québec. Entrepreneur social dans l'âme, Jean-François Archambault voulait miser sur l'incroyable sens de l'entraide et la générosité des chefs en les amenant à agir de différentes façons pour contribuer à lutter contre la faim et la pauvreté. La réponse ne s'est pas fait attendre : d'un bout à l'autre du Québec, les chefs ont rapidement répondu « présent ! » à cet appel à la solidarité.

Tout s'enchaîne alors rapidement : en collaboration avec les Moissons du Québec, Jean-François met sur pied un programme de récupération et de redistribution alimentaire pour des établissements d'envergure, dont le Centre Bell, qui génère à lui seul plus de 60 000 repas par année pour les gens dans le besoin. Nommé Personnalité de la semaine La Presse/Radio-Canada en 2007, il fonde la même année le *Camp culinaire Taillevent*, qui permet aujourd'hui, à plus de 475 jeunes de milieux moins favorisés de profiter de vacances sur le thème d'ateliers culinaires, avec le soutien de Ricardo Larrivée, parrain d'honneur. Jean-François lance ensuite les *Ateliers du Frère Toc*, offerts dans 11 polyvalentes du Québec et dans les Centres jeunesse du Québec, avec le désir de favoriser l'autonomie culinaire chez des adolescents pour qui la vie n'a pas toujours été facile. En donnant des outils concrets aux jeunes et aux familles pour mieux vivre leur quotidien, lui et ses partenaires souhaitent contribuer à solidifier le tissu social québécois.

Lauréat de nombreux prix en entreprenariat social, Jean-François Archambault poursuit avec passion le développement de *La Tablée des Chefs*, qui implique chaque jour davantage de cuisiniers de renom, dont Normand Laprise du *Toqué*, porte-parole de *La Tablée des Chefs*, Patrice Demers du *Newtown* et Ricardo Larrivée, parrain d'honneur. Ce livre destiné aux familles et aux jeunes qui veulent apprendre à mieux cuisiner simplement et économiquement est le plus récent projet qu'il pilote avec le support de ses complices de la première heure et des Éditions La Presse.

LA LISTE
DE JEA
FRA

Épicerie

2 boîtes de 796 ml (28 oz)
de tomates en dés
2 bouteilles de bière MacKroken
3 litres (12 tasses)
de bouillon de bœuf
250 ml (1 tasse)
de céréales mueslis
125 ml (1/2 tasse)
de jus de pomme
20 à 25 noisettes
350 g (12 oz) de pâtes
de type farfalles

Viandes et poissons

2 kg (4,4 lb) de bœuf
(intérieur de ronde)
1,5 kg (3,5 lb) de côtes levées
de porc
1 kg (2,2 lb) de veau haché
6 filets de saumon
de 200 g (7 oz) chacun
16 pilons de poulet
3 tranches de bacon
6 tranches épaisses de pancetta

Produits laitiers

125 ml (1/2 tasse) de crème 15 %
125 ml (1/2 tasse) de crème sûre
750 ml (3 tasses) de fromage
cheddar râpé
250 ml (1 tasse) de fromage
mozzarella
3 œufs

Fruits et légumes

1 aneth frais
12 asperges
2 aubergines moyennes
2 barquettes
de champignons de Paris
1 barquette de tomates cerises
1 bouquet de basilic
1 bouquet de coriandre
Branches de thym
2 bulbes d'ail
6 champignons portobellos
1 chou
3 citrons
1 clémentine
1 concombre
3 courgettes
1,5 litre (6 tasses) de bébés
épinards
Feuilles de sauge
1 gros céleri-rave
3 grosses carottes
10 grosses pommes de terre
Yukon Gold
2 grosses tomates
4 oignons espagnols
2 pommes vertes
1 rutabaga moyen

À conserver dans le garde-manger ou dans le réfrigérateur

Canneberges séchées
Câpres
Cassonade
Farine
Feuilles de laurier
Huile d'olive
Huile végétale
Ketchup
Marjolaine séchée
Mayonnaise
Miel
Moutarde de Dijon
Origan séché
Pain de grains entiers
Raifort
Sauce soya
Thym séché
Vinaigre balsamique
Vinaigre de cidre
Vinaigre de vin rouge

LASAGNE D'AUBERGINES
AU VEAU

Ingrédients

2 aubergines, moyennes

1 oignon espagnol, haché finement

4 gousses d'ail hachées, divisées

500 ml (2 tasses)
de fromage cheddar fort, râpé

125 ml (½ tasse) d'huile d'olive, divisée

15 ml (1 c. à soupe)
de vinaigre balsamique, divisé

2 boîtes de 796 ml (28 oz) de tomates en dés

1 kg (2,2 lb) de veau haché maigre

2,5 ml (½ c. à thé) de thym séché

2,5 ml (½ c. à thé) de marjolaine séchée

Sel et poivre, au goût

Préchauffer le four à 190 °C (375 °F).

Laver les aubergines, les éponger à l'aide d'essuie-tout et les couper en rondelles d'environ 2 cm (¾ po). Mettre les tomates en dés dans un petit bol, avec leur jus.

Dans une poêle, faire revenir les oignons dans un peu d'huile d'olive à feu moyen-vif. Ajouter la viande et 1 gousse d'ail hachée, le thym et la marjolaine et cuire en brassant constamment pour défaire le veau, jusqu'à ce que la viande perde sa teinte rosée et commence à brunir.

Dans un plat de pyrex ou de fonte émaillée rectangulaire allant au four, étaler une fine couche de viande. Couvrir d'une couche de tomates en dés et d'un peu d'ail. Saler et poivrer, au goût. Disposer ensuite une première couche d'aubergines tranchées, en prenant soin de bien recouvrir la viande et les tomates. Verser un filet d'huile d'olive et quelques gouttes de vinaigre balsamique sur les aubergines.

Recouvrir ce premier étage d'une seconde couche de la préparation de veau et d'oignons, puis des tomates en dés, avec un peu d'ail haché. Disposer une seconde couche d'aubergines tranchées.

Terminer l'étagé en recouvrant les aubergines d'une dernière couche de tomates en dés, d'un filet d'huile d'olive et de vinaigre balsamique et du reste de l'ail haché.

Recouvrir la préparation avec le cheddar râpé.

Cuire au four 30 minutes, puis augmenter la température à gril (broil) et poursuivre la cuisson quelques minutes de plus, jusqu'à ce que le fromage soit doré et fasse des bulles.

Pour une version végétarienne, omettre le veau haché, ajouter davantage de tomates ou un mélange de courgettes et de champignons grillés.

TARTINES GRATINÉES
À LA TAPENADE D'AUBERGINES

Dîner

Ingrédients

Les restes de la lasagne d'aubergines

4 tranches d'un bon pain de miche à grains entiers

1 gousse d'ail entière, épluchée

100 ml (7 c. à soupe) d'huile d'olive

250 ml (1 tasse) de fromage cheddar fort, râpé

Préchauffer le four à 190 °C (375 °F). Mettre les restes de lasagne d'aubergines dans le bol du mélangeur ou du robot culinaire et actionner en mode « hacher » pendant une trentaine de secondes. Arrêter l'appareil à l'occasion pour racler les parois avec une spatule. Actionner de nouveau en mode « hacher » tout en versant l'huile d'olive en un mince filet. Mélanger jusqu'à l'obtention d'une consistance de tapenade ou de chutney.

Faire griller légèrement le pain au grille-pain, puis le frotter avec l'ail. Placer les tranches de pain sur une plaque à biscuits recouverte de papier parchemin. Répartir la tapenade d'aubergines, puis recouvrir de cheddar râpé.

Cuire de 12 à 15 minutes. Si nécessaire, terminer la cuisson sous le gril pour bien faire gratiner le fromage.

CANNELLONIS DE VEAU
ET AUBERGINES

Suggestion de François

Ingrédients

400 g (14 oz) de restes de lasagne aux aubergines

8 pâtes à cannellonis, fraîches

300 g (10,5 oz) de fromage de chèvre frais

Dans un grand fait-tout rempli d'eau bouillante salée, cuire les pâtes fraîches environ 1 minute. Égoutter.

Hacher grossièrement les restes de lasagne aux aubergines. Farcir les cannellonis avec cette préparation et les réserver au froid environ 6 heures, pour empêcher qu'ils ne s'ouvrent à la cuisson.

Préchauffer le four à 180 °C (350 °F).

Disposer 2 cannellonis dans 4 plats à gratin individuels. Ajouter ce qui reste de l'appareil d'aubergines et terminer avec le fromage de chèvre. Cuire de 20 à 30 minutes, ou jusqu'à ce que le fromage de chèvre soit bien doré, et les cannellonis, très chauds.

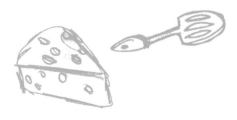

MOUSSAKA (LASAGNE D'AUBERGINE AU VEAU)

Suggestion d'Audrey

Ingrédients

1 oignon, haché finement

2 gousses d'ail, hachées finement

Huile d'olive

Restes de veau haché non utilisé

125 ml (½ tasse) de vin blanc sec

1 boîte de 796 ml (28 oz)
de tomates italiennes,
en dés, avec le jus

10 ml (2 c. à thé) d'origan séché

5 ml (1 c. à thé) de basilic séché

2 aubergines, en tranches de
1 cm (½ po) d'épaisseur

Béchamel

1 tranche de pain rassis, émiettée

Sel et poivre, au goût

125 ml (½ tasse) de beurre

125 ml (½ tasse) de farine

750 ml (3 tasses) de lait chaud

500 ml (2 tasses)
de cheddar fort, râpé

5 ml (1 c. à thé) de muscade

5 ml (1 c. à thé) de cannelle

Préchauffer le four à 180 °C (350 °F). Sauter la viande avec l'oignon et l'ail, déglacer au vin blanc, ajouter les tomates. Saler, poivrer et mijoter à découvert, jusqu'à ce que la sauce épaississe. Préparer la béchamel et cuisant le beurre et la farine 2 minutes ; ajouter le lait et les épices et fouetter jusqu'à ébullition. Ajouter le cheddar. Dorer les aubergines à l'huile d'olive. Saler et poivrer. Dans un plat huilé, superposer aubergines, viande, puis aubergines. Verser la béchamel sur le dessus et parsemer de chapelure. Cuire 30 minutes.

BABA GHANNOUJ (PURÉE D'AUBERGINES)

Suggestion d'Alexandre

Ingrédients

2 aubergines moyennes,
épluchées et coupées
en petits dés

60 ml (4 c. à soupe)
d'huile d'olive

500 ml (2 tasses) de pois chiches,
cuits et égouttés

Le jus de 2 limettes

60 ml (4 c. à soupe)
de beurre de sésame (tahini)

2 gousses d'ail,
hachées finement

60 ml (4 c. à soupe)
d'huile d'olive

Sel et poivre, au goût

Dans une grande poêle, chauffer l'huile d'olive à feu moyen-doux et y faire cuire les aubergines jusqu'à l'obtention d'une compote. Saler et poivrer.

Laisser refroidir les aubergines quelques minutes, puis les mettre au mélangeur avec le reste des ingrédients. Il se peut que vous deviez faire cette opération en deux étapes. Actionner le mélangeur jusqu'à l'obtention d'une pâte lisse.

Si la pâte est trop épaisse, ajouter quelques cuillers d'eau tiède et bien racler les parois du mélangeur avec une spatule avant d'actionner le mélangeur de nouveau.

Servir avec les crudités de votre choix et des moitiés de pain pita ou des croûtons.

POT-AU-FEU DE BŒUF
AUX LÉGUMES D'AUTOMNE

Ingrédients

1 kg (2,2 lb) de bœuf (intérieur de ronde)

3 grosses carottes

1 rutabaga (navet jaune), moyen

3 grosses pommes de terre Yukon Gold

4 champignons portobellos, hachés

1 oignon espagnol, haché grossièrement

2 gousses d'ail, hachées finement

45 ml (3 c. à soupe) de vinaigre de vin rouge

2 litres (8 tasses) de bouillon de bœuf

100 ml (7 c. à soupe) d'huile d'olive

30 ml (2 c. à soupe) de moutarde de Dijon
(ou moutarde à l'ancienne)

2 feuilles de laurier

Sel et poivre, au goût

Couper le bœuf en cubes d'environ 2,5 cm (1 po).

Parer les carottes et le rutabaga et les couper en morceaux de taille similaire aux cubes de viande. Faire de même avec les pommes de terre, mais conserver la pelure.

Dans un fait-tout, faire revenir l'oignon dans l'huile d'olive à feu moyen jusqu'à ce qu'il brunisse légèrement. Augmenter le feu, ajouter les cubes de viande et les faire griller de tous les côtés. Ajouter de l'huile d'olive, au besoin. Ajouter l'ail et les champignons et sauter quelques minutes de plus. Déglacer au vinaigre de vin, puis mouiller avec le bouillon.

Ajouter la moutarde de Dijon et les feuilles de laurier. Cuire à découvert et à feu vif jusqu'à ébullition. Couvrir et réduire la température à feu doux et poursuivre la cuisson pendant 2 h 30 heures. Retirer le couvercle, ajouter les carottes, le rutabaga et les pommes de terre. Cuire 1 h 30 de plus, à feu doux. Saler et poivrer au goût. Servir.

Variante : on peut ajouter 250 ml (1 tasse) de vin rouge ou de bière au bouillon en cours de cuisson ou choisir d'autres types de viande, comme le porc, le veau de grain ou l'agneau.

MINESTRONE
RÉCONFORTANTE
Dîner

Ingrédients

Les restes du pot-au-feu de bœuf aux légumes d'automne

1 litre (4 tasses) de bouillon de bœuf

1 litre (4 tasses) d'eau

250 ml (1 tasse) de tomates concassées, avec leur jus

3 tranches de bacon

Mouiller les restes de pot-au-feu avec le bouillon de bœuf et l'eau à même le faitout ayant servi à sa cuisson. Amener à ébullition à découvert et à feu moyen-vif.

Entre-temps, couper le bacon en dés et le faire griller à la poêle jusqu'à ce qu'il soit bien cuit. Égoutter sur du papier absorbant, puis l'ajouter à la soupe.

Ajouter les tomates concassées. Réduire la température à feu moyen-doux et, à l'aide d'un mélangeur à main, défaire grossièrement les morceaux de légumes et de viande.

Laisser mijoter à découvert et à feu moyen de 20 à 25 minutes. Saler et poivrer au goût. Servir la soupe minestrone avec du poivre en grains moulu et du fromage parmesan râpé.

MACARONIS LONGS
AU BŒUF
Suggestion de François

Ingrédients

240 g (½ lb) de macaronis longs

300 g (10,5 oz) de restes de pot-au-feu de bœuf

1 bouquet de ciboules (échalotes vertes), émincées finement

100 g (3,5 oz) de parmesan râpé

Sel et poivre, au goût

Dans une grande marmite d'eau bouillante salée, cuire les macaronis selon les instructions du paquet. Réserver 125 ml (½ tasse) d'eau de cuisson des pâtes pour la sauce. Égoutter.

Dans la marmite ayant servi à cuire les pâtes, réchauffer le pot-au-feu à feu moyen-doux. Ajouter les macaronis, les ciboules (échalotes vertes) et le parmesan. Mêler délicatement, rectifier l'assaisonnement et servir.

SOUPE GRATINÉE
Suggestion d'Audrey

Ingrédients

Restes de légumes du pot-au-feu, hachés

1,5 litre (6 tasses) de bouillon
(du pot-au-feu + bouillon de bœuf, au besoin)

8 tranches de pain rassis

125 ml (½ tasse) de cheddar fort, gruyère, ou autre

Sel et poivre, au goût

Faire chauffer le four à 180 °C (350 °F).

Répartir les légumes dans quatre bols, ajouter le bouillon et recouvrir avec les tranches de pain. Saupoudrer de cheddar râpé. Saler et poivrer. Cuire au four de 20 à 30 minutes, ou jusqu'à ce que le fromage soit doré et croustillant. Servir.

CRÈME DE LÉGUMES D'AUTOMNE
Suggestion d'Alexandre

Ingrédients

125 ml (½ tasse) de carottes, pelées et hachées finement

125 ml (½ tasse) de rutabaga (navet jaune), pelé et haché finement

125 ml (½ tasse) de panais, pelé et haché finement

2 gousses d'ail, hachées finement

1 branche de thym frais

125 ml (½ tasse) de pommes de terre, pelées et hachées finement

125 ml (½ tasse) de poireau, émincé

125 ml (½ tasse) de patates douces, pelées et hachées finement

1,25 L (5 tasses) de bouillon de volaille

60 ml (4 c. à soupe) de beurre

250 ml (1 tasse) de crème 35 %

Sel et poivre, au goût

Dans un fait-tout, faire suer tous les légumes dans le beurre pendant 5 minutes, sauf les pommes de terre et les patates douces.

Ajouter le bouillon de volaille et la branche de thym. Saler et poivrer au goût. Augmenter le feu et amener à ébullition. Ajouter les pommes de terre et les patates douces. Réduire de nouveau le feu et cuire à petit bouillon pendant 45 minutes.

Passer au mélangeur avec la crème pour obtenir un potage lisse. Rectifier l'assaisonnement et servir.

SAUMON GRILLÉ
AU CITRON ET À LA CORIANDRE

Ingrédients

6 filets de saumon frais de 200 g (7 oz) chacun

2 citrons

1 bouquet de coriandre fraîche

1 gros céleri-rave

2 pommes de terre *Yukon Gold*

12 asperges

45 ml (3 c. à soupe) d'huile d'olive

125 ml (½ tasse) de lait 3,25 % ou de crème 15 %

100 ml (7 c. à soupe) de beurre

Sel et poivre, au goût

Nettoyer les filets de saumon au besoin et saler légèrement des deux côtés.

Hacher la coriandre finement. Prélever le zeste d'un des deux citrons et réserver. Presser ensuite le jus des 2 citrons. Ajouter la moitié de la coriandre et réserver.

Parer le céleri-rave et les pommes de terre et couper en gros morceaux. Dans une casserole remplie d'eau bouillante salée, les cuire jusqu'à parfaite tendreté. Égoutter les pommes de terre et le céleri-rave et les remettre dans la casserole. Réduire en purée à l'aide d'un presse-purée ou d'un pilon à pommes de terre. Ne pas utiliser de mélangeur à main, car il libère l'amidon des pommes de terre et les rend collantes. Ajouter le beurre et le lait et rectifier l'assaisonnement.

Couper les tiges des asperges d'environ 5 cm (2 po) et cuire dans l'eau bouillante salée de 3 à 5 minutes, selon la grosseur, jusqu'à ce qu'elles soient cuites, mais encore légèrement croquantes. Réserver au chaud.

Chauffer une poêle antiadhésive à feu moyen-vif. Verser un filet d'huile d'olive et cuire les filets de saumon de 2 à 3 minutes de chaque côté. L'intérieur doit demeurer légèrement rosé. En fin de cuisson, arroser les filets de jus de citron à la coriandre. Parsemer de zeste de citron.

Dans 4 assiettes de service chaudes, répartir la purée de céleri-rave et déposer un filet de saumon sur chacune. Recouvrir avec les asperges, verser un filet d'huile d'olive et garnir avec le reste de la coriandre. Servir immédiatement.

BRUSCHETTA DE RILLETTES
DE SAUMON À L'HUILE D'OLIVE
Dîner

Ingrédients

Le reste du saumon cuit

1 pain baguette, bien frais

2 branches d'aneth frais (feuilles seulement)

45 ml (3 c. à soupe) de mayonnaise

30 ml (2 c. à soupe) de câpres, rincées et égouttées

60 ml (4 c. à soupe) d'huile d'olive, divisée

Sel et poivre, au goût

Préchauffer le four à 180 °C (350 °F).

Dans un grand bol, défaire le saumon cuit en flocons à l'aide d'une fourchette.

Hacher l'aneth et les câpres finement et les ajouter au saumon. Ajouter la mayonnaise et la moitié de l'huile d'olive et bien mélanger pour obtenir une préparation uniforme. Saler et poivrer au goût.

Couper la baguette en 4 morceaux égaux, puis trancher ceux-ci sur la longueur. Déposer sur une plaque à biscuits, badigeonner avec le reste de l'huile d'olive et saler légèrement. Cuire au four 10 minutes, ou jusqu'à ce que les croûtons soient légèrement dorés. Au sortir du four, tartiner généreusement chacun des croûtons avec les rillettes de saumon.

TARTARE DE SAUMON
AU CITRON ET
À LA CORIANDRE
Suggestion de François

Ingrédients

200 g (7 oz) de saumon très frais

1 petit oignon rouge, haché finement

30 ml (2 c. à soupe) de jus de citron

½ bouquet de coriandre, hachée finement

100 ml (7 c. à soupe) d'huile d'olive

15 ml (1 c. à soupe) de câpres hachées

Sel et poivre, au goût

Hacher finement le saumon au couteau. Ajouter l'oignon rouge, la coriandre fraîche et les câpres. Mêler délicatement et remettre rapidement au frigo.

Dans un bol, déposer sel, poivre et jus de citron et bien délayer. Ajouter l'huile d'olive en un mince filet, en fouettant bien pour émulsionner.

Au moment de servir, ajouter la vinaigrette au mélange de saumon haché, quelques cuillers à la fois, en mêlant délicatement entre chaque addition. Dès que le tartare semble avoir la texture désirée (ni trop sec ni trop humide), interrompre l'ajout de vinaigrette, même s'il en reste. Rectifier l'assaisonnement et servir avec des croûtons.

VELOUTÉ D'ASPERGES AU SAUMON
Suggestion d'Audrey

Ingrédients

1 botte d'asperges, épluchées et en morceaux

1 pomme de terre épluchée, en dés

1 oignon, haché

Eau ou bouillon de poulet

100 ml (7 c. à soupe) de crème 15 % ou 35 %

Huile d'olive et beurre, pour cuire

Sel et poivre, au goût

Restes de saumon

Suer les pommes de terre et les oignons dans l'huile. Saler et poivrer, puis mouiller à hauteur des légumes avec de l'eau. Ajouter la crème et mijoter 15 minutes à feu doux, jusqu'à ce que les pommes de terre soient cuites. Ajouter les asperges coupées (sauf les pointes, pour la garniture) et mijoter 5 minutes. Passer au mélangeur. Rectifier l'assaisonnement.

Sauter les pointes d'asperges au beurre. Ajouter le saumon. Saler et poivrer. Servir le velouté dans un bol, parsemer de pointes d'asperges et de saumon. Ajouter un trait d'huile d'olive et de vinaigre balsamique, si désiré.

SANDWICHS AU SAUMON, CITRON ET CORIANDRE
Suggestion d'Alexandre

Ingrédients

250 ml (1 tasse) de saumon, cuit et émietté

4 ciboules (échalotes vertes), hachées finement

45 ml (3 c. à soupe) de mayonnaise (ou plus, au goût)

Sel et poivre, au goût

30 ml (2 c. à soupe) de feuilles de coriandre fraîche, hachées

Le zeste de 1 citron

8 tranches de pain de grains entiers

Mélanger tous les ingrédients délicatement, sauf le pain.

Étendre quatre tranches de pain sur un plan de travail. Tartiner avec le mélange de saumon. Recouvrir des quatre tranches de pain restantes. Trancher chaque sandwich en deux ou en quatre morceaux et servir.

FARFALLES AUX CHAMPIGNONS
ET PANCETTA GRILLÉE

Ingrédients

350 g (12 oz) de pâtes de type farfalles
(semoule de blé dur)

125 ml (½ tasse) de l'eau de cuisson des pâtes

2 gros champignons portobellos

3 à 4 champignons de Paris, hachés finement

6 tranches épaisses de pancetta
(bacon italien), en petits dés

1 oignon espagnol, haché finement

1 bouquet de basilic frais

15 ml (1 c. à soupe)
de vinaigre balsamique blanc

125 ml (½ tasse) d'huile d'olive

Sel et poivre, au goût

Retirer les feuilles de basilic des branches et réserver.

Cuire les pâtes dans une grande quantité d'eau bouillante salée selon les instructions du paquet jusqu'à ce qu'elles soient cuites, mais encore légèrement *al dente*. Réserver 125 ml (½ tasse) de l'eau de cuisson pour la sauce, puis bien égoutter les farfalles. Réserver au chaud.

Entre-temps, dans une grande poêle, faire sauter l'oignon dans l'huile d'olive 5 minutes à feu moyen-vif. Ajouter les champignons et la pancetta et cuire jusqu'à ce que tous les ingrédients soient bien grillés. En fin de cuisson, déglacer avec le vinaigre balsamique blanc.

Mettre les pâtes dans un grand bol de service. Ajouter le mélange de champignons et d'oignon, 125 ml (½ tasse) de l'eau de cuisson des pâtes et bien mélanger. Garnir avec les feuilles de basilic frais, saler et poivrer au goût et servir avec du parmesan râpé.

SALADE DE FARFALLES
AUX TOMATES CERISES ET BASILIC

Dîner

SALADE FROIDE DE FARFALLES
ET ROQUETTE

Suggestion de François

Ingrédients

Le reste des farfalles aux champignons et pancetta

1 barquette de tomates cerises

Trois branches de basilic frais (feuilles seulement)

45 ml (3 c. à soupe) d'huile d'olive

5 ml (1 c. à thé) de vinaigre balsamique

Sel et poivre, au goût

Dans un grand bol, mettre les restes de pâtes de la veille.

Dans une poêle, faire sauter les tomates cerises dans un peu d'huile d'olive à feu moyen-vif de 3 à 5 minutes, en prenant soin de ne pas faire éclater la pelure.

Ajouter les tomates cerises aux pâtes. Hacher ensuite finement le basilic et l'ajouter aux pâtes. Terminer avec l'huile d'olive et le vinaigre balsamique. Saler et poivrer au goût. Servir.

Ingrédients

1 litre (4 tasses) de restes de farfalles aux champignons

30 ml (2 c. à soupe) de vinaigre balsamique blanc

100 ml (7 c. à soupe) d'huile d'olive

1 litre (4 tasses) de jeune roquette

Sel et poivre, au goût

Dans un grand saladier, mélanger tous les ingrédients. Rectifier l'assaisonnement et servir dans des bols.

SALADE AUX ŒUFS POCHÉS ET PANCETTA GRILLÉE

Suggestion d'Audrey

Ingrédients

Laitue frisée, Boston ou roquette pour 4

4 tranches de pancetta, en lardons

2,5 ml (½ c. à thé) de vinaigre blanc

4 œufs

Huile d'olive

2 ciboules (échalotes vertes), émincées

2 tranches de pain, de la veille, en cubes

1 gousse d'ail entière, épluchée

Vinaigre balsamique

Sel et poivre, au goût

Préchauffer le four à 180 °C (350 °F).

Dans une poêle, griller à sec la pancetta. Dans un grand chaudron, amener de l'eau à frémissement avec le vinaigre et y pocher les œufs 3 minutes. Entre-temps, dorer des croûtons frottés d'ail au four, jusqu'à ce qu'ils soient croustillants. Dans un saladier, mélanger la salade avec l'huile d'olive, le vinaigre balsamique, le sel et le poivre.

Déposer dans quatre bols, garnir d'un œuf poché chaud, de pancetta grillée, de croûtons, et parsemer de ciboules émincées. Poivrer, au goût.

OMELETTE AUX CHAMPIGNONS ET PANCETTA

Suggestion d'Alexandre

Ingrédients

8 œufs

200 g (7 oz) de champignons de Paris ou café, émincés

45 ml (3 c. à soupe) de lait

30 ml (2 c. à soupe) de beurre

4 tranches de pancetta

2 échalotes sèches, hachées finement

1 gousse d'ail, hachée finement

Sel et poivre, au goût

Préchauffer le four à 180 °C (350 °F).

Casser les œufs dans un bol et les battre avec le lait. Saler légèrement et poivrer.

Dans une poêle allant au four, faire fondre le beurre à feu moyen. Y faire ramollir les échalotes sèches pendant 4 minutes, ou jusqu'à transparence. Ajouter les champignons et l'ail et cuire 2 minutes de plus.

Verser le mélange d'œuf dans la poêle. Laisser les bords de l'omelette prendre puis, à l'aide d'une spatule, soulever les bords pour faire couler une partie du mélange d'oeufs pas encore pris vers le centre de la poêle. Cuire environ 1 minute.

Disposer les tranches de pancetta sur le dessus de l'omelette. Terminer la cuisson au four pendant 4 minutes, ou jusqu'au degré de cuisson désiré. Servir immédiatement.

Bouillon

2 litres (8 tasses) de bouillon de bœuf

½ bouteille de Mac Kroken
(Microbrasserie Le Bilboquet)

3 gros oignons espagnols, émincés

1 gousse d'ail, hachée finement

100 ml (7 c. à soupe) d'huile d'olive

15 ml (1 c. à soupe) de moutarde de Dijon

1 branche de thym frais

Viande

1 kg (2,2 lb) de bœuf d'intérieur de ronde

Légumes

12 champignons de Paris

2 gros poivrons verts

2 courgettes

FONDUE À L'OIGNON
ET À LA BIÈRE MAC KROKEN

Sauce tartare à la grecque

125 ml (½ tasse) de mayonnaise

125 ml (½ tasse) de crème sure

1 concombre

12 câpres rincées et égouttées

1 branche d'aneth frais

1 branche d'origan frais
ou 3 pincées d'origan séché

Sel et poivre, au goût

Sauce barbecue maison

125 ml (½ tasse) de ketchup

10 ml (2 c. à thé) de miel

5 ml (1 c. à thé) de moutarde de Dijon

2,5 ml (½ c. à thé) de raifort

Sel et poivre, au goût

Bouillon

Suer les oignons émincés dans l'huile d'olive à feu moyen-doux jusqu'à caramélisation, en brassant fréquemment. Ajouter l'ail et cuire deux minutes de plus. Déglacer avec la bière. Ajouter la moutarde et le thym. Mouiller avec le bouillon de bœuf et réduire du quart à feu vif. Réserver au chaud.

Viande

Couper le rôti en 2 sur la longueur. Répéter l'opération avec chacun des 2 morceaux ainsi obtenus. Émincer les 4 morceaux sur la largeur afin d'obtenir de fines tranches de bœuf à fondue. Durcir la viande 30 minutes au congélateur avant de trancher. Réserver au froid.

Légumes

Couper les poivrons en morceaux d'environ 3,5 cm (1 ½ po). Couper les champignons en quartiers. Couper les courgettes en rondelles (en biseau) en conservant la pelure. Disposer dans une seconde assiette de service et réserver.

Sauce tartare à la grecque

Hacher les légumes finement, mélanger avec le reste des ingrédients. Saler et poivrer, au goût. Réserver au froid.

Sauce barbecue maison

Mélanger tous les ingrédients dans un petit bol. Saler et poivrer, au goût. Réserver au froid jusqu'au moment de servir.

Au moment du repas, ramener le bouillon à ébullition, puis verser avec précaution dans un plat à fondue muni d'un réchaud. Allumer le réchaud, disposer la viande, les légumes et les sauces autour et servir immédiatement.

SOUS-MARINS DE BŒUF
AUX LÉGUMES SAUTÉS

Dîner

SOUPE À L'OIGNON
ET AU BŒUF

Suggestion de François

Ingrédients

Les restes de bœuf tranché de la fondue

100 ml (7 c. à soupe) d'huile d'olive

125 ml (½ tasse) de restes de bouillon de fondue, avec les oignons

Les restes de légumes crus de la fondue, tranchés en fines lamelles

4 petits pains italiens, coupés en deux sur la longueur

250 ml (1 tasse) de fromage mozzarella, en tranches ou râpé

Préchauffer le four à 180 °C (350 °F).

Dans une poêle, chauffer l'huile d'olive à feu vif et y faire griller rapidement les tranches de bœuf, quelques secondes seulement. Retirer de la poêle et réserver au chaud.

Dans la même poêle, verser 150 ml du bouillon à fondue avec les oignons et laisser réduire à feu vif jusqu'à quasi-complète évaporation du liquide. Ajouter les restes de légumes à la poêle et les faire griller quelques minutes à feu vif. Ajouter le bœuf cuit et mêler pour bien réchauffer.

Entre-temps, couper les pains italiens en deux sur la longueur et retirer un peu de mie afin de faire de la place pour la préparation. Réchauffer au four de 5 à 7 minutes. Retirer les pains du four et garnir de la préparation au boeuf et légumes. Garnir de fromage mozzarella et remettre au four à gril (broil) le temps de faire gratiner le fromage. Servir bien chaud.

Ingrédients

375 ml (3 tasses) de restes de bouillon de fondue à l'oignon

200 à 300 g (7 à 10, 5 oz) de restes de bœuf à fondue, hachés finement

200 g (7 oz) de fromage cheddar ou mozzarella

4 tranches de pain croûté de la veille, grillé

Sel et poivre, au goût

Préchauffer le four à gril (broil).

Dans une casserole, amener le bouillon à ébullition à feu vif. Retirer du feu, ajouter la viande et bien mélanger. Rectifier l'assaisonnement.

Remplir quatre bols à soupe à l'oignon, ajouter le pain rôti et terminer avec le fromage. Placer les bols dans une lèchefrite, puis passer sous le gril jusqu'à ce que le fromage soit bien doré et fasse des bulles. Servir très chaud.

COUSCOUS FACILE
AU BŒUF ET LÉGUMES
Suggestion d'Audrey

Ingrédients

60 ml (4 c. à soupe) d'huile d'olive	15 ml (1 c. à soupe) de gingembre moulu
450 g (1 lb) de couscous	5 ml (1 c. à thé) de paprika
600 ml (2 ⅓ tasses) de bouillon à fondue	Restes de légumes et de bœuf à fondue
1 tomate, en dés	1 bouquet de coriandre, hachée
1 boîte de 540 ml (19 oz) de pois chiches, rincés	1 gousse d'ail, hachée
1 oignon émincé	Sel et poivre, au goût
1 pincée de pistils de safran	

Dans un saladier, déposer la semoule avec la moitié de l'huile d'olive et mélanger. Chauffer le bouillon à fondue et ajouter les épices en laissant frémir 10 minutes. Entre-temps, sauter le bœuf dans l'huile, saler et poivrer. Ajouter la tomate, l'oignon, les pois chiches et l'ail, puis mouiller avec 200 ml (¾ tasse) de bouillon à fondue. Mijoter 5 à 10 minutes.

Verser le reste du bouillon chaud sur la semoule. Couvrir et laisser gonfler 5 minutes. Défaire les grains avec une fourchette. Réserver. Ajouter les légumes restants au bœuf et cuire 5 minutes. Rectifier l'assaisonnement. Répartir la semoule dans des assiettes creuses, couvrir de viande et de légumes et napper de jus. Garnir de coriandre et servir.

SOUPE À L'OIGNON
GRATINÉE
Suggestion d'Alexandre

Ingrédients

8 oignons, en tranches fines	1 branche de thym frais
2 gousses d'ail, hachées finement	1 feuille de laurier
30 ml (2 c. à soupe) de beurre	Sel et poivre, au goût
90 ml (6 c. à soupe) de vin rouge sec	4 tranches de pain de grains entiers
20 ml (4 c. à thé) de sauce soya	4 tranches fines de fromage cheddar
750 ml (3 tasses) de restes de bouillon à fondue	

Préchauffer le four à 180 °C (350 °F).

Faire fondre le beurre à feu doux et y cuire l'oignon et l'ail pendant 30 minutes, jusqu'à caramélisation. Déglacer avec le vin rouge et la sauce soya. Ajouter le bouillon de fondue et ses oignons cuits, le laurier et le thym et augmenter le feu pour amener à ébullition. Baisser de nouveau le feu et cuire 10 minutes de plus. Entre-temps, mettre les tranches de pain au four et cuire une dizaine de minutes, ou jusqu'à ce qu'elles deviennent sèches comme des croûtons (retourner une fois en cours de cuisson). Retirer le pain rôti du four. Sur chaque croûton, disposer une tranche de fromage et remettre au four jusqu'à ce que le fromage soit fondu et légèrement doré. Jeter le thym et la feuille de laurier. Verser la soupe dans des bols et garnir chacun avec un croûton gratiné. Servir.

PILONS DU COLONEL MAISON
ET SALADE DE CHOU
AUX POMMES VERTES

Ingrédients

16 pilons de poulet

250 ml (1 tasse) de céréales de type muesli
ou granola, sans fruits secs

125 ml (½ tasse)
de farine tout usage non blanchie

3 œufs battus

20 à 25 noisettes entières

1 chou

2 pommes vertes

30 ml (2 c. à soupe) de jus de citron

30 ml (2 c. à soupe) de vinaigre de cidre

15 ml (1 c. à soupe) de moutarde de Dijon

Sel et poivre, au goût

125 ml (½ tasse) d'huile d'olive

Préchauffer le four à 190 °C (375 °F).

Déposer les céréales dans un sac pour congélateur et écraser avec la base d'un petit chaudron, ou au rouleau à pâte, afin d'obtenir la texture d'une chapelure. Mettre dans un bol. Procéder de la même manière pour broyer les noisettes et les ajouter à la chapelure maison.

Enlever la peau des pilons en tirant de haut en bas. On peut aussi acheter des pilons dont la peau a déjà été retirée, si désiré. Rouler les pilons dans la farine, les tremper ensuite dans les œufs battus, puis les rouler dans la chapelure maison.

Déposer les pilons sur une plaque à biscuits recouverte de papier parchemin. Cuire au four de 30 à 35 minutes, ou jusqu'à ce que la chapelure soit bien grillée et croustillante. Retourner les pilons une fois en cours de cuisson.

Entre-temps, couper le chou en deux, retirer le coeur et hacher finement, puis déposer dans un grand bol. Hacher les pommes en julienne et les tremper 2 minutes dans le jus de citron pour éviter qu'elles noircissent. Égoutter et ajouter les pommes au chou haché.

Dans un petit bol, délayer le vinaigre de cidre avec la moutarde. Saler et poivrer au goût. Ajouter l'huile d'olive en un mince filet, en fouettant constamment, pour éviter que la vinaigrette se sépare. Rectifier l'assaisonnement. Verser sur la salade de chou et bien touiller.

Servir les pilons avec du miel ou un mélange de miel et de moutarde de Dijon pour faire trempette. Accompagner de salade de chou.

SALADE DE POULET
AUX CANNEBERGES ET PACANES
Dîner

Ingrédients

Les restes de pilons de poulet, désossés et effilochés	100 ml (7 c. à soupe) d'huile d'olive
60 ml (4 c. à soupe) de canneberges séchées	30 ml (2 c. à soupe) de vinaigre de vin rouge aux framboises
60 ml (4 c. à soupe) de pacanes, hachées grossièrement	5 ml (1 c. à thé) de moutarde de Dijon
1,5 litre (6 tasses) de bébés épinards lavés et asséchés (ou un mélange de deux verdures, au choix)	5 ml (1 c. à thé) de miel
	Sel et poivre, au goût

Mettre les bébés épinards dans un grand bol et ajouter les morceaux de poulet. Ajouter les canneberges séchées et les pacanes hachées.

Préparer la vinaigrette en mélangeant dans un petit bol la moutarde, le sel et le poivre, le vinaigre et le miel. Ajouter l'huile d'olive en un mince filet, en fouettant constamment. Verser sur la salade de poulet, touiller délicatement, rectifier l'assaisonnement et servir dans quatre assiettes.

Variante : on peut ajouter du fromage cheddar extra-fort râpé, remplacer le poulet par une poitrine de canard cuite tranchée ou simplement omettre la volaille pour une entrée légère ou comme fin de repas, avant les fromages.

CHARCUTERIES
ET SALADE DE CHOU
Suggestion de François

Ingrédients

500 ml (2 tasses) de restes de salade de chou
300 à 400 g (10,5 à 14 oz) de tranches de charcuteries de votre choix, telles que jambon prosciutto, rosette de Lyon, pâté de campagne, ou autre
1 pain de campagne bien frais

Dans une grande assiette, disposer joliment les charcuteries et placer au centre de la table avec les restes de salade de chou et le pain croûté.

BURRITOS DE POULET
ET CHORIZO À LA FETA ET CORIANDRE
Suggestion d'Audrey

Ingrédients

Huile d'olive	½ bouquet de coriandre fraîche
5 ml (1 c. à thé) de poudre chili ou de poivre de Cayenne	125 ml (½ tasse) d'eau ou de bouillon de poulet
2 saucisses chorizo, en dés	1 oignon rouge, haché finement
1 oignon, haché finement	100 g (3,5 oz) de fromage feta
Restes de chou, hachés finement	Sel et poivre, au goût
2 gousses d'ail, hachées	2 tomates, en dés
Restes de poulet en lanières ou en morceaux	Tortillas de maïs

Chauffer le four à 180 °C (350 °F).

Faire revenir dans l'huile le chorizo et l'oignon haché jusqu'à légère coloration. Ajouter l'ail, le chou et les tomates. Mijoter 10 minutes, à feu moyen. Ajouter le liquide et la poudre de chili. Cuire jusqu'à évaporation. Ajouter le poulet et la moitié des feuilles de coriandre. Saler et poivrer. Pour servir, réchauffer les tortillas au four et les déposer sur une grande assiette. Garnir avec la préparation au poulet, puis avec l'oignon rouge émincé, le fromage feta et la coriandre.

SOUPE AU POULET
ET NOUILLES MAISON
Suggestion d'Alexandre

Ingrédients

1 litre (4 tasses) de bouillon de volaille
1 oignon moyen, haché finement
2 gousses d'ail, hachées finement
30 ml (2 c. à soupe) de beurre
250 ml (1 tasse) de restes de poulet, cuits et hachés
125 ml (½ tasse) d'orzo (petites pâtes)
60 ml (4 c. à soupe) de persil frais, haché
Sel et poivre, au goût

Dans un fait-tout, faire suer l'ail et l'oignon dans le beurre pendant 2 minutes, sans les laisser prendre coloration. Ajouter le bouillon, saler et poivrer. Augmenter le feu et porter à ébullition.

Ajouter les pâtes orzo et cuire 6 à 8 minutes de plus, à feu moyen, ou jusqu'à ce que les pâtes soient cuites, mais encore légèrement *al dente*.

Au moment de servir, ajouter le persil frais.

Ingrédients

1,5 kg (3,5 lb) de côtes levées de porc

2 gousses d'ail, hachées finement

100 ml (7 c. à soupe) de cassonade

100 ml (7 c. à soupe) de miel

200 ml (¾ tasse) de ketchup

10 ml (2 c. à thé) de sauce soya

125 ml (½ tasse)
de jus de pomme, à l'ancienne

½ bouteille de Mac Kroken
de la microbrasserie le Bilboquet

4 grosses pommes de terre *Yukon Gold*,
avec la pelure

2 feuilles de sauge, hachées finement

100 ml (7 c. à soupe) d'huile d'olive

Sel et poivre, au goût

CÔTES LEVÉES DE PORC
À LA SAUCE BARBECUE À L'AIL
ET CROUSTILLES MAISON

Couper les côtes levées en portions de 3 ou 4 morceaux. Déposer les morceaux dans un fait-tout, recouvrir d'eau froide et amener à ébullition à feu moyen-vif. Réduire le feu et faire mijoter à découvert et à feu moyen-doux pendant 1 h 30, en ajoutant la bière à mi-cuisson.

Dans un grand bol, mélanger la cassonade, le miel, le ketchup, la sauce soya, le jus de pomme et l'ail haché.

Préchauffer le four à 150 °C (300 °F).

Retirer les côtes levées du faitout une à la fois et les déposer à tour de rôle dans le bol contenant la sauce barbecue afin de bien les enrober. Déposer ensuite sur une lèchefrite ou dans un grand plat en pyrex. Cuire au four, sur la grille du centre, pendant 2 h 30, en badigeonnant de la sauce barbecue au moment d'enfourner, puis à deux reprises en cours de cuisson.

Entre-temps, trancher les pommes de terre en fines lamelles de l'épaisseur d'une croustille. Les éponger avec des essuie-tout, puis les mélanger avec l'huile d'olive. Ajouter la sauge, sel et poivre au goût.

Lorsque les côtes levées sont cuites, les retirer du four et les réserver au chaud, le temps de cuire les pommes de terre. Chauffer le four à 220 °C (450 °F) et y cuire les pommes de terre une quinzaine de minutes, ou jusqu'à ce qu'elles soient brunies et croustillantes, en remuant une fois. Retirer du four et égoutter sur des essuie-tout. Servir les pommes de terre en accompagnement des côtes levées.

CHOP SUEY DE PORC
AUX LÉGUMES

Dîner

Ingrédients

Les restes de côtes levées, désossées et effilochées	100 ml (7 c. à soupe) d'huile d'olive
½ oignon espagnol, haché finement	15 ml (1 c. à soupe) de *nuoc mam* (sauce de poisson vietnamienne)
½ courgette, en julienne	1 litre (4 tasses) de fèves germées
4 à 5 gros champignons de Paris, émincés	125 ml (½ tasse) de feuilles de coriandre fraîche
30 ml (2 c. à soupe) de sauce soya	Sel et poivre, au goût
1 clémentine, en quartiers	

Dans une grande poêle, faire chauffer l'huile d'olive à feu moyen-vif et y faire sauter les oignons 5 minutes. Ajouter les champignons et les morceaux de courgette et faire dorer.

Ajouter les restes de côtes levées effilochées, la sauce soya, la sauce de poisson, les fèves germées et bien mélanger. Cuire deux minutes de plus, juste assez pour réchauffer la préparation. Les fèves germées doivent demeurer croquantes. Rectifier l'assaisonnement.

Servir dans un bol, garni de quartiers de clémentine et de coriandre fraîche.

SALADE FAÇON
NOUVELLE-ORLÉANS

Suggestion de François

Ingrédients

300 à 400 g (10,5 à 14 oz) de restes de côtes levées, désossées	1 petit oignon rouge, haché finement
2 litres (8 tasses) de mesclun (ou plus, au goût)	1 gousse d'ail écrasée et hachée finement
60 ml (4 c. à soupe) de pacanes rôties	15 ml (1 c. à soupe) d'épices cajun
30 ml (2 c. à soupe) de vinaigre balsamique	15 ml (1 c. à soupe) de cassonade tassée
100 ml (7 c. à soupe) d'huile végétale (canola ou tournesol)	Sel et poivre, au goût
1 œuf	

Préparer la vinaigrette en mélangeant l'œuf, le vinaigre, l'oignon, l'ail, les épices et la cassonade dans le bol du mélangeur. Actionner l'appareil jusqu'à l'obtention d'une belle purée. Ajouter l'huile en un mince filet afin de créer une émulsion. Rectifier l'assaisonnement.

Dans quatre grandes assiettes, disposer le mesclun. Ajouter les morceaux de porc et les pacanes. Arroser de vinaigrette et servir immédiatement.

ROULEAUX DE PRINTEMPS
AU PORC BBQ

Suggestion d'Audrey

Ingrédients

100 ml (7 c. à soupe) de vinaigre de riz	Restes de côtes levées, en morceaux
8 galettes de riz vietnamiennes	60 ml (4 c. à soupe) de miel
375 ml (1 ½ tasse) de vermicelles de riz, cuits	15 ml (1 c. à soupe) de gingembre frais
125 ml (½ tasse) d'arachides rôties, hachées	15 ml (1 c. à soupe) de *sambal olek* (pâte de piment)
8 feuilles de laitue Boston	Menthe fraîche
1 gousse d'ail, hachée finement	Julienne de carottes

Dans un grand bol d'eau chaude, réhydrater 1 galette à la fois pendant 1 minute. Déposer sur le plan de travail et garnir, en commençant par le bas du cercle, de manière à recouvrir 1 tiers de la galette avec les ingrédients.

Déposer une pincée de julienne de carottes, puis une poignée de vermicelles, poursuivre avec l'effiloché de porc BBQ et terminer avec quelques feuilles de menthe. Pour rouler, rabattre les deux bords latéraux et le rebord du bas sur la garniture, comme un cigare, en serrant bien.

Pour la sauce, faire chauffer pendant 2 minutes ail, gingembre, miel, *sambal olek* et vinaigre de riz à feu moyen. Refroidir et garnir d'arachides hachées.

PURÉE DE POMMES DE TERRE
ET EFFILOCHÉ DE PORC

Suggestion d'Alexandre

Ingrédients

500 ml (2 tasses) de pommes de terre à chair jaune, pelées
125 ml (½ tasse) de beurre, en dés, divisé
2 gros oignons, en tranches
45 ml (3 c. à soupe) de lait
Sel et poivre blanc, au goût
250 ml (1 tasse) de porc cuit, effiloché

Couper les pommes de terre en quatre. Les rincer et les éponger à l'aide d'un essuie-tout. Amener une marmite d'eau salée à ébullition et y cuire les pommes de terre jusqu'à tendreté. Égoutter et réserver au chaud.

Entre-temps, dans un faitout, cuire les oignons dans 30 ml (2 c. à soupe) de beurre pendant 25 minutes, ou jusqu'à l'obtention d'une belle caramélisation. Retirer du feu et réserver au chaud.

Passer les pommes de terre au presse-purée ou les écraser au pilon. Remettre la purée dans un chaudron à feu très doux avec le lait chaud et le reste du beurre dur, en dés. Saler et poivrer. Mélanger délicatement jusqu'à ce que le tout soit homogène. Ajouter les oignons caramélisés et le porc. Réchauffer et servir.

INDEX

NOTES

NOTES